中国这么美的**30**个自治州

带一本书去

甘南

刘彦明 贡保南杰 著

中国民族文化出版社

北 京

序言

有这样一句话：读万卷书，行万里路。

明朝书画家董其昌（1555—1636）在《画旨》卷二中说："画家六法，一曰气韵生动。气韵不可学，此生而知之，自有天授，然亦有学得处。读万卷书，行万里路，胸中脱去尘浊，自然丘壑内营，立成郵鄂。"这段话告诉人们的是绘画的方法。"自有天授"的气韵如何学得？即读万卷书，行万里路！这样才能去除尘浊，胸有成竹，气韵自生，画面自然生动传神。读万卷书，即在读书中学；行万里路，即在行走和实践中学。

实际上早于董其昌，北宋江西诗派诗人王直方（1069 —1109）在《归叟诗话》中就有"信乎不行万里路，不读万卷书，不可看老杜诗"的表述，这与董其昌"不行万里路，不读万卷书，欲作画祖，其可得乎"之说如出一辙。意思很好理解：不行万里路，不读万卷书，就看不懂老杜（唐代诗人杜甫）的诗；不行万里路，不读万卷书，想成为"画祖"，是不可能的事情。

读万卷书是静态的，行万里路是动态的，二者是并行关系，互为补充，相辅相成，目的都是使人增长知识，提高能力。

杜甫在《奉赠韦左丞丈二十二韵》中有诗句："读书破万卷，下笔如有神"，说的是读书的重要性。晚清第一名臣曾国藩认为，读书可以改变人的气质，甚至可以改变一个人的骨相。与此相对应，南宋诗人陆游的教子诗《冬夜读书示子聿》，蕴涵着深刻的教育思想理念："古人学问无遗力，少壮工夫老始成。纸上得来终觉浅，绝知此事要躬行。"这首诗的意思也十分明确：古人不遗余力地做学问，经年累月到老年才能取得成就。从书本上得来的知识还远不够，如果要深刻理解其中的道理，必须要亲自实践才行。

古人已经把读万卷书和行万里路相结合的道理说得很明确了。

旅游是修身养性之道。如果把旅游作为一种行走和实践的话，在旅游中读书就是"读万卷书"和"行万里路"的结合。我国首个"中国旅游日"（2011年5月19日）就将"读万卷书，行万里路"定为主题。

回到这本书中来。

形容甘南的美，用约瑟夫·洛克那句话就足够了："我平生从未见过如此美丽的景色。"甘南的景观丰富多样。每一处景观，都有其背后的故事。就像泰戈尔诗中说的那样："天空中没有翅膀的痕迹，但鸟儿已经飞过。"作为作者，我们力求做到全面展现甘南的历史、文化、自然，让你既看到是什么，又知道有什么，还了解为什么，努力让这本书帮你一点一点揭开甘南神秘的面纱，成为你领略甘南魅力的一把钥匙！

行走能让你饱览大好河山，增广见闻；阅读能让你拓宽思路，陶冶情操，何乐而不为！

那就带上这本书去甘南吧，让它陪伴着你在放松、休闲、娱乐中，了解、感悟、提升！让你的甘南之旅，有满满的收获！

目录 | CONTENTS

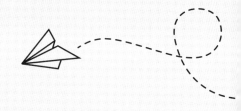

CHAPTER 04
甘南的历史遗迹

CHAPTER 05
甘南的多元文化

CHAPTER 06
甘南的丰饶物产

后记

CHAPTER 01

甘南，美在这里

桑科草原

在平均海拔超过 3000 米的高原上翻山越岭，只为那不一样的风景。被中国社会科学院西部发展研究中心评为"西部最具魅力的旅游景区"，被《中国国家地理》《时尚旅游》评为"人一生要去的 50 个地方"之一，被美国权威旅游杂志《视野》《探索》评为"让生命感受自由的世界 50 个户外天堂"之一，被联合国人居环境发展促进会、世界华人联合会评为"中国最具民族特色旅游目的地"和"中国最美旅游胜地"的甘南究竟有多美？

我国有 30 个自治州，包括 10 个藏族自治州，甘南藏族自治州是其中之一。甘南，是甘南藏族自治州的简称。

甘南是镶嵌在我国地理版图大陆腹地、青藏高原东北边缘的一颗璀璨明珠，被誉为"人间净土，户外天堂"。

高原独特的地质构造、气象条件，东进西出、南来北往的门户位置，深远悠久、文化荟萃的人文历史，保存较好、韵味浓郁的藏族文化，底蕴深厚、影响广泛的藏传佛教，造就了这片土地独特的自然、历史和人文景观。

高远。甘南天高、地高、山高。初到一地，首先会留意的，是这个地方的天空。甘南的天空，蔚蓝无垠，一尘不染，让人充满了想象。仰望天空，你会由衷地感叹：真蓝啊！一种好感油然而生。目及远方，天空之下，草原随地势蜿蜒起伏，四周远山延绵，群峰相挽，一座连着一座，伸展至天边，景色气度不凡。天空成了这片风景中的最靓丽的底色。蓝天、白云、草原、山峦、溪流，还有那成群的牛羊，会让你整个人一下子放松下来！站在高山之上，甚至站在位于半山腰的古寨人家的院子里，云海都可触手而及。原来云海不是在天上，而是在古寨人家的院子里。山

扎尕那风光

桑科草原

峰成了云海中的石岛，云海成了山峰涌动的舞台，天空、云海、山峰相得益彰。这就是甘南的高原云天，别具一格。

纯净。甘南的空气没有污染。这既是高原馈赠给这片土地的礼物，也是当地政府加大保护措施，群众环保意识强、理解、支持、参与的结果。藏族同胞的生活禁忌、丧葬文化、传统农牧方式、生态文明理念等也有利于当地的环境保护。目前，甘南正在全力打造"五无甘南"，即全域无垃圾、全域无化肥、全域无塑

料、全域无污染和全域无公害，在全州范围内开展了一场声势浩大的"环境革命"，让纯净的甘南愈发纯净。夏季，这里没有炎热的天气，甚至还有些微凉，香风徐来，神清气爽。即使身处高原，你也可以在这里畅快地呼吸，十分惬意。令你意想不到的是，高原之行，你竟然会是为了"呼吸"而来！草原、山峦、峡谷、湖泊、河流等并不为甘南所独有，但这里的景色更为纯净。草原碧绿如茵，山峦底色十足，峡谷幽深送爽，湖水清澈见底。再如

阿万仓湿地

山涧的溪水潺潺，掬一捧入口，清凉无比，遍体通泰。这里就是一处绝尘净域。

苍浑。甘南的景致，有秀、翠的成分，但不同于中原、江南地区的雅秀、滴翠。玛曲西梅朵合塘的花朵，每年7月开金莲花，8月天蓝色的格桑花竞相开放，到了10月则是一望无垠的毛茛花。由于紫外线强烈，花朵格外艳丽，给人热情、奔放之感。甘南海拔高，一些动物在这里无法生存，但能在这里生存的，却又格外强壮，比如河曲马、阿万仓牦牛、欧拉羊、河曲藏獒等。甘南的景色离不开山，更离不开水。尕海湖之美不仅美在水的轻柔，还

迭山雪景

扎尔那（一）

美在周围草原的辽阔和群山的巍峨。即使盛夏季节，尕海湖中的
水草也泛着秋的颜色，衬托着水的力量。苍，深青色，灰白色。
苍劲，苍老，指的是颜色、外观、年轮；浑，浑厚，雄浑，多指
体积、高度、力量。甘南裸露着的山体在阳光照耀下呈现灰白色，
无阳光直射时呈现深青色，雄浑苍劲，与甘南淡黄色的苍茫大地
一起，构成了甘南自然景观的主色调。湖泊、河水、沼泽、草原、
森林、灌木、峡谷、崖壁等点缀其中，俨然一幅苍浑的山水画卷。

奇幻。 甘南的自然景观丰富多样，比较而言，很多景观都具
有其同类景观的共性特征，一些形容词在这里是可以通用的。但
甘南的自然景观亦有独特性，其中显著的特征之一就是奇幻。草
原在我国并不少见，但合作市的美仁大草原却是由一个个隆起的
排列有序的小草包构成的，十分奇特。夏河县甘加秘境中八角古

扎尕那（二）

扎尕那（三）

城的城墙尽管有残损，但基本上被保存下来了。其"八角"造型奇巧，世所罕见。无论在洛克之路、扎尕那，还是在大峪沟迭山横雪观景台、拉尕山的佐瑞山庄，都会看到很多整体裸露、突兀嶙峋、高大威猛、表面形态各异的石头山。著名景点扎尕那，藏语之所以称之为"石匣子"，就是因其有很多石头山。甘南的石头山兼具"奇"和"幻"的双重特色。远古时期，这里发育形成了古冰帽冰川，这些石头山就是在冰川侵蚀的影响下，逐渐形成的。一座座山体就像童话世界或科幻小说里的古城堡，又像是从侏罗纪穿越而来，令人称奇叫绝。除石头山外，U 形谷、冰斗、鲸背岩、刃脊、角峰、冰川湖、磨光面、岩盆、羊背石等冰川地貌，在其他地方很难见到，即使在青藏高原都十分罕见，但在甘南的高山地区却很常见，彰显着甘南自然景观的独特魅力。

壮阔。玛曲贡赛喀木道的贡曲、赛尔曲、道吉曲如玉带般轻柔，但在雪山的映衬下，贡赛喀木道却呈现出了壮美、开阔的景观特色，宽广、大气，带给观赏者特有的美感。同样，当你在欣赏甘加草原上野花的烂漫时，难免会为周边白石崖的耸峙嵯峨所惊叹！行驶在从扎古录到扎尕那的洛克之路上，当进入到光盖山路段时，海拔不断上升，一座座裸露着的光怪陆离的山峰迎面而来。车辆不断前行，山峰不断增多。当车辆行驶到垭口上时，望着眼前山峰座座相连伸展至远方的壮美景象，你的内心定会为之震撼——这一切都是怎么形成的？甘南的地形阶梯特征明显，地势高，山高，而且山多，山密，山形独特。北部有阿尼念卿山（太子山），西南有阿尼玛卿雪山，东南有岷迭山系。甘南正是为群山所包围着。舟曲的拉尕山处在岷山山系之中。在拉尕山中，

桑科油菜花

阿尼念卿山

迭山雪景

与桦树坪草地的闲适、幽静相对应的是，于佐瑞山庄远远望去，你看到了由一座座山峰构成的雄兵万千的景象！那阵仗，正如沙场秋点兵。"拉尕"藏语意思是"神仙喜爱的地方"。相传由格萨尔王的骏马幻化成的拉尕山，果然名不虚传！

古朴。甘南地广人稀，总面积 4.5 万平方千米，相当于欧洲爱沙尼亚的国土面积，但常住人口不到 70 万，不及我国很多地区一个县的人口。全州以牧业为主，玛曲等县市仍为纯牧业县，人们的衣食住行保持了传统习俗，底色十足。无论城里还是乡村，路上遇到的藏族群众很多都穿着传统的民族服饰。来到村子，依旧能看到久远的建筑，充满了历史感。比如迭部一带，其旧式民居大多是半边楼的榻板房。这种榻板房在迭部的很多地方被完好地保存了下来。一些地方虽然对传统建筑进行了改造，但改旧如旧，仍旧充满了民族特色。这里的景区也基本上保持着原貌，没有多少人工斧凿的痕迹。草原上，是成群的牛羊和静静流淌的溪流，和谐舒缓。格桑花遍地盛开，仿佛上天赏赐给草原特有的礼物。甘南展现给我们的，是一幅原生态画卷。

至诚。行走在甘南，邂逅的不仅仅是风景，还有无处不在的信仰。实际上，在甘南最令人震撼的，还是看到三步一叩首，磕着等身长头前去朝拜的场面。朝拜者如此虔诚，令人肃然起敬。电影《可可西里》有句台词："你见过磕长头的人吗？他们的手和脸脏得很，可他们的心灵特别干净。"在寺庙前也有原地不停地磕头、围着寺庙转玛尼圈、在寺庙内转动经筒的朝拜者。你还会看到围绕着神山圣湖转行的人流。藏族群众普遍信仰藏传佛教，相信万物有灵，敬畏自然，有祭祀山神、湖神的习俗。比如他们

淳朴的藏家

扎尕那

扎尕那

叩拜

认为阿尼玛卿山有主宰山河大地的山神，因此每逢藏历的羊年，朝拜的人们都要携带简单的行装、灶具和食物，绕山朝拜一周。这些至诚的举动，会给你带来很大的触动！他们对待生活简单、真诚与执着，无大喜亦无大悲，随性自然，和他们在一起，你随时随地会感受到信仰的力量。不惧未来，坦然面对各种困难，跌倒了再重来，认真地对待学习和工作，快乐地生活，这些简单的道理，在甘南你可能会明白得更透彻。

厚重。甘南历史悠久，古代归属河州、岷州、洮州管理，地理位置十分重要，是兵家必争之地，有八角古城等众多历史遗迹。白石崖溶洞科考，将人类在这片土地上生存的历史推向了19万年前。农耕文化、游牧文化、商业文化、红色文化，汉族、藏族、回族、土家族、羌族等多民族习俗文化，佛教、道教、伊斯兰教

拉卜楞转经走廊

等宗族教文化，本地文化、雪域文化、中原文化、西域文化等区域文化在这里互动、共生，铸成了属于这片土地的中华民族多元一体文化。以音乐为例，甘南既有拉伊、勒、说唱音乐、弹唱音乐、歌舞音乐、宗教音乐、南木特藏戏，也有古洮州临潭因屯军和人口迁移而形成的江淮文化遗韵——洮州花儿、劳动号子、秧歌，还有古西固舟曲汉族民间山歌、社火等民间歌舞艺术。据统计（2019 年数据），甘南的国家级非物质文化遗产有 8 项，省级非遗保护项目有 48 项，州级非遗保护项目有 192 项，县级非遗保护项目有 518 项。丰富的非物质文化遗产彰显了甘南厚重的历史文化。甘南之旅，不仅是自然风光之旅，更是历史文化之旅。

藏戏

当周草原景区——神山之巅

神秘。甘南共有123座藏传佛教寺院。比较有影响的如夏河县的拉卜楞寺，是藏传佛教格鲁派六大宗主寺之一，有六大学院，被誉为"世界藏学府"。据此，宗教文化在甘南的影响不言而喻。这里的节会、习俗、服饰等，大都包含宗教的内容。一些节庆活动，如燃灯节、晒佛节等均为僧俗共庆的民族节日或民族活动。有些民族传统节日实际上也与藏传佛教有关。香浪节就源于过去寺庙僧人采薪的活动。藏传佛教中的"圆满服饰十三事""八大吉祥图案"等对藏族服饰的影响是显而易见的。拉卜楞寺周边的藏族群众要在农历四月十五禁食、禁言，因为农历四月十五是佛祖释迦牟尼诞生、得道和涅槃的纪念日。宗教文化符号经幡、隆达（风马）、玛尼堆和插箭台随处可见，与自然景观和人们的生产生活融为一体，为这里增添了神秘色彩。行驶在美仁大草原公路上的经幡隧道中，漫天的经幡随风起舞，让你仿佛置身于一个

经幡隧道

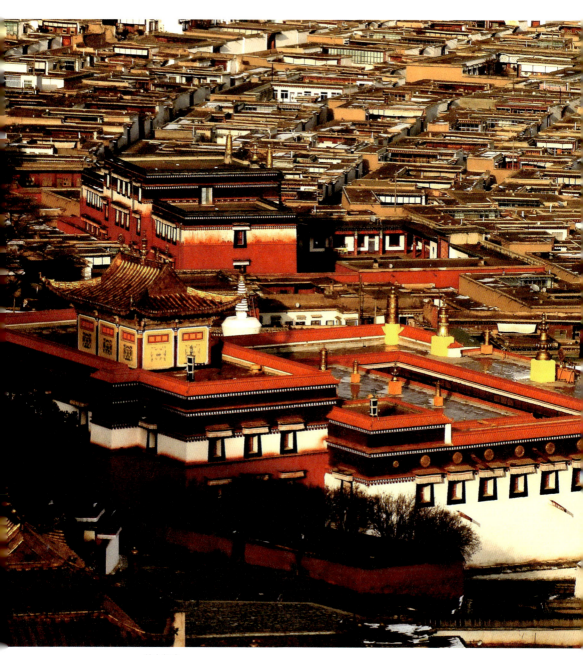

拉卜楞寺

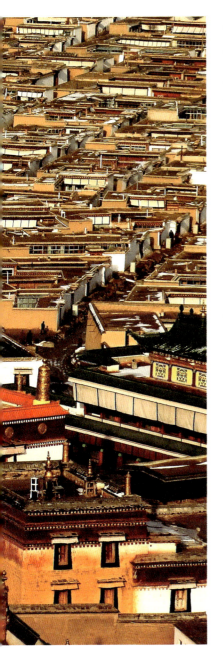

五彩斑斓的神秘世界。打开车窗，明亮鲜艳的色彩和徐徐吹来的微风带给人一种宁静超脱、回归自然的奇妙感觉。这种民俗文化的魅力会让你不由自主地减慢车速。

和谐。以上这些美集合在甘南这片土地上，自然、随意，毫无违和之感。实际上，和谐也是甘南之美，是甘南最深沉的美。

正如你欣赏完天池冶海的自然风光，转过身去，沿栈道准备下山时，偶一抬头，所看到的风景一样：这是一片以冶力关镇为中心，集古镇、溪流、草场、梯田、花海、深林、沟壑、峡谷、崖壁、群峰于一体的自然与人文相得益彰的风景区，从低到高，一色连着一色，一样连着一样，一层连着一层，充分展现着甘南自然景观的多样性、层次性、开阔性特性以及由此构成的和谐之美，你会再一次被眼前的景色所吸引而久久驻足。

甘南的美，仅此一项，就足以对你产生强大的吸引力，而当这些美叠加在一起的时候，将会带给你强烈的

冶力关风景区

拉卜楞则柔

冶力关风景区

欢快的舞蹈

视觉冲击和心灵震撼，就如同甘南的奇幻色彩一样。

如果我们把高远、纯净、苍浑、奇幻、壮阔、古朴、至诚、厚重、神秘、和谐概括为"十美甘南"的话，与此相对应，甘南还有"九色甘南"之美誉。

红色，人们称之为活力红。在甘南，红色随处可见：僧人的僧袍是红色的；金顶红墙的寺院里，红色是最常见的装饰颜色之一；藏式建筑中白墙和红色的窗框是常见的搭配；草原上美丽的朝霞和晚霞是红色的；丹霞地貌是红色的……红色是甘南最常见，同时也是最神秘、最虔诚和最具活力的颜色。

橙色，人们称之为财富橙或功德橙。甘南产珊瑚，珊瑚是佛教七宝（金、银、琉璃、珊瑚、砗磲、赤珠、玛瑙）之一。许多信众把珊瑚制作成佛珠，穿成串，戴在身上，既象征着财富，又代表着信仰，同时也是一种装饰。

黄色，人们称之为神圣黄。藏传佛教之一的格鲁派之所以被称为"黄教"，就因为僧人戴的僧帽为黄色。甘南寺庙众多，寺庙的顶均为金色，藏民们手摇式的转经筒（玛尼轮）和寺庙周围或寺庙内固定式的转经筒都是黄色的，藏民们经常食用的酥油也是黄色的。黄色是一种神圣的颜色，在藏传佛教里备受尊崇，代表着崇高、圣洁和信仰。一般而言，只有寺庙、活佛的驻锡地和高僧大德的寓所才有资格使用黄色器物。

绿色，人们称之为生态绿。这是甘南的生态之色。七八月份，没有酷暑带来的燥热，微风拂面，清爽宜人。极目远方，甘南满眼的绿色。桑科草原、甘加草原、美仁大草原、当周草原、玛曲草原，还有数不清的森林、峡谷、沟壑……此时的甘南，就是绿色的世界。

青色，人们称之为凝重青。这是甘南高原上山的颜色。甘南的山不拘一格，不事雕琢。当晨雾散去，天高云淡，甘南的山露出本来的面目，巍峨，挺拔，高大，自带威严，一切生命在它的面前，都显得如此渺小！

蓝色，人们称之为深邃蓝。这是甘南诸多颜色中的背景色。甘南的天总是那么的蓝，蓝得高，蓝得远，蓝得辽阔。甘南的湖也是那么的蓝，蓝得静，蓝得深，蓝得悠长。一个在天上，一个在地上，相得益彰！

紫色，人们称之为尊贵紫。甘南的紫色主要体现在藏族贵族服饰、紫色菩提和紫色蕨麻（人参果）上，"汇集藏族贵族服饰至尊，留恋紫色菩提蕨麻之淳"，代表着尊贵、大气与时尚。

白色，人们称之为纯洁白。白云、雪山、冰川、雪莲花，身着白色袈裟的修行之人（噶举派的僧人穿白色的僧衣，故称白教），白塔、白哈达，藏民白色的房屋，野外白帐篷，白色的羊群……白色已与藏民的生活紧密联系在一起。藏传佛教视白色为神圣的象征，是风的颜色，所以白色也用于寺庙建筑，象征着圣洁、善良、正义、崇高、祥和等。

黑色，人们称之为神秘黑。点缀草原的，除了洁白的羊群和白色的帐篷外，还有黑色的牦牛和黑色的帐篷。黑色代表着神秘，也象征着一种力量，正如甘南街头上的那句广告语，"在浪漫宁静夜色里寻星河璀璨"！

这九种颜色中的每一种颜色都有独特的内涵，当这些颜色集合在一起，就构成了一个色彩斑斓的自然、历史和人文世界。用

25

色彩就能概括一个地方的美丽，非甘南莫属！

早在 20 世纪 20 年代，甘南就已经吸引了世界的目光。美籍奥地利裔植物学家、探险家、纳西学之父，美国《国家地理》摄影师约瑟夫·洛克途经甘南迭部县扎尕那时发出了由衷的感叹："我平生从未见过如此美丽的景色。"他说，如果不把这绝佳的地方拍摄下来，他会感到是一种罪恶。如果《创世纪》的作者看到眼前的美景，就会把亚当和夏娃的诞生地放在这里。"这块地方让我震惊，广阔的森林就是一座植物学博物馆，绝对是一块处女地。它将会成为热爱大自然的人们和所有观光者的胜地。"约瑟夫·洛克在扎尕那的传奇经历，后来被詹姆斯·希尔顿作为故事原型，创作出了举世闻名的长篇小说《消失的地平线》，不仅催生了人们寻梦香格里拉的热潮，也为世人揭开了甘南神秘的

沙滩森林公园牧场炊烟

面纱。

甘南正被越来越多的海内外游客所向往！

拉卜楞寺的袅袅梵音随着桑烟一同升起，草原上弥漫着浓浓的酥油茶香气，扎尕那仿佛被时光封印了一样遗世独立，天下黄河第一弯就像一条玉带飘落在了玛曲草原上，走在舟曲的中国第一楹联文化街廊，如同回到了古时的上元之夜……

锅庄舞、多地舞、巴郎舞、龙头琴弹唱、龙神赛会、万人扯绳赛、东山转灯、博峪采花节……多民族文化在这里相融，共同孕育出了多姿多彩的中华民族共同体文化。

这里不但有洮州卫城、土门关遗址、磨沟遗址等众多历史遗迹，还有流传千年的格萨尔王故事、达尔宗湖的传说、米拉日巴尊者的传奇人生……

行走甘南，注定是一次深度的自然、历史和文化之旅。在一个把信仰融入生命的地方，能够让你对旅行有一个全新的感悟。

放下繁忙的生活，收拾好心情，启程出发吧！看最美的风景，寻找最美的自己！遇见最美的甘南，不就是遇见最美的自己吗？

不带晨雾与霞光

措美峰

苍穹挺拔

裸露着

雪山的圣洁

山脚下的白塔

静静耸立

探寻灵魂的自由
讲述利他的人生
幸福
就在那一刻
古寨的炊烟升起
为远行者

甘南之美，美在心灵的升华！
甘南，我来了。

CHAPTER 02

甘南的一市七县

广场锅庄舞

甘南，青之东，川之北，甘之南！

甘南地处青藏高原和黄土高原以及陇南山地的接合部，南与四川省阿坝州相连，西南与青海省黄南州、果洛州接壤，东面和北部与甘肃的陇南、定西、临夏毗邻。境内有汉族、藏族、回族、蒙古族、满族等多个民族。据第七次人口普查，常住人口 691 808 人。其中，汉族人口为 255 064 人，占总人口的36.87%；各少数民族人口为 436 744 人，占 63.13%；藏族人口387 134 人，占 55.96%。甘南藏族自治州于 1953 年 10 月成立，成立之初叫甘南藏族自治区，1955 年 7 月 1 日改为甘南藏族自治州。现辖一市七县，分别为合作市、夏河县、碌曲县、玛曲县、迭部县、舟曲县、卓尼县和临潭县，州府所在地为合作市。

水草滩中冉冉升起的"羚城"——合作市

合作市距离省会兰州 226 千米。

虽然是州府所在地，但论历史悠久，合作市却不及甘南的其他 7 个县。相比而言，合作市是甘南 8 个市县中最年轻的一个了。

合作是藏语"黑措"的音译，"黑措"藏语意为"羚羊出没的地方"。古时这里是一片水草滩，四周的山坡上长满了林木，林木间杂草丛生，是羚羊繁衍生息的地方，因此合作市也被称为"羚城"。合作市香巴拉文化主题广场北边建有羚羊雕塑。

1953 年，甘南藏族自治州成立，当时首府设在夏河拉卜楞镇。1956 年，鉴于黑措的地理位置优势，甘南藏族自治州将首府迁至黑措，取谐音命名为"合作"，代表各民族共同团结奋斗之意。因归属夏河管理，所以合作当时还是合作镇。1996 年经国务院批准同意，甘肃省人民政府通知设立合作市。1998 年 1 月 1 日合作市人民政府正式挂牌成立。

合作市地势南北高、中间低，市区处于合作盆地中央。北部西倾山系北支山脉与南部西倾山系南支山脉形成市境地貌的主要构架。由西向东逶迤蜿蜒的高山峻岭与其间的高原阔地构成了市境南、北两侧平均海拔 3000 米以上的主要地貌特征。境内以勒秀乡的下巴沟水文站为最低点，海拔 2788 米。地势呈现三个地貌类区，即高山区、山原区、山地丘陵区。境内的主要河流为洮河和大夏河两大干流，属黄河水系，为黄河的一级支流。以市境所辖的周曲村为界，北部支流属大夏河干流，南部支流属洮河

勒秀洮河

干流。

洮河，是黄河上游第二大支流（青海省湟水河是黄河上游最大支流），黄河上游右岸最大的支流，发源于青海省河南蒙古族自治县境内的西倾山东麓勒尔当。在这片区域，即西倾山北麓与其支脉的李恰如山南麓的代富桑草原（代富桑滩），有洮河的南北两源。北源称代富桑雄曲，以李恰如山水源为主；南源出于西倾山北麓，称"恰青河"，藏语称"代桑曲"，两源均由众多泉水和山上流淌下来的小溪汇聚而成，汇合东流，在青海与甘南的交界处李恰如牧场附近又与碌曲县境内的哈让曲（野马滩河）汇合，更名改姓，史称"洮河"。洮河流经甘南的碌曲、合作、卓尼和临潭，境内河段流程长550千米。在进入合作市勒秀乡后，河面变窄，河道弯弯曲曲，与两岸高山险峰相互辉映，青山绿水，水光山色，于是便形成了一道天然的风景画廊——勒秀洮河风景区。这里山峰连绵起伏，林木苍翠茂密。各类珍奇动物栖息在高山密林之中，尤其以鸟类繁多而著称。洮河上横跨着铁索吊桥，水面上不时漂过羊皮筏子和木排，石花鱼在水中欢快地游来游去。岸边的水磨房与掩映在苍松翠柏之中的小木屋，让人们体验到了藏式风情，感受到了人与自然的和谐共生。

合作的景点、节会很多。除勒秀洮河风景区外，还有美仁大草原、当周草原风景区、太子山、岗岔溶洞、米拉日巴佛阁、香巴拉旅游艺术节等。其中有三个"最"：一是这里有亚洲最大的高山沼泽草甸式草原——美仁大草原，二是这里有全国唯一一个供奉藏传佛教各派祖师的九层碉楼式建筑——米拉日巴佛阁，三是这里有甘南规模最大的旅游节会——香巴拉旅游艺术节。

阿尼念卿山

　　我国有两座米拉日巴佛阁，一座在西藏拉萨，另一座就在合作市。合作市米拉日巴佛阁全称是"安多合作米拉日巴九层佛阁"，始建于清乾隆四十二年（1777），是洛桑达吉上师为了纪念藏传佛教噶举派（白教）创始人米拉日巴，遵从师命模仿九层碉房的造型建筑而成。现存建筑是依照原有建筑风格于1988年5月重建的，历时4年建成，高40多米，总建筑面积4028平方米。该建筑在建筑风格上体现了"内不见石而外不见木"的特色，融藏族堡式建筑与汉式佛阁式建筑风格于一身，外观金碧辉煌，气势宏大，内外充满了藏式风情，常年有住寺喇嘛学习研修，供奉佛祖，是藏传佛教噶举派在安多地区的代表寺院。

　　米拉日巴是噶举派的创始人之一，一生极富传奇色彩。他年幼丧父，家产被伯父霸占，和母亲相依为命，生活贫困，饱受凌辱。

为报仇雪恨，他学习了苯教咒术，咒杀了伯父等30余人。这之后，米拉日巴深感自己罪孽深重，良心受到了谴责，便皈依佛门，拜玛尔巴译师为师。为消除罪孽和磨练心性，玛尔巴让他连续6年修建众多城堡，然后再一一拆毁。后来，他来到岗仁波齐雪山，苦修9年。其间，饮冰雪，食青苔，肤色连同毛发都变成了绿色，最终修得了"大手印"和"拙火定"密法。"拙火定"能够让他保持体温，即使在冬天，也可以只穿一件布衣。"米拉日巴"，意为"米拉家族穿布衣者"。他终生未建自己的道场，而是在青藏各地云游，常以歌唱的方式教授门徒。米拉日巴与藏传佛教的很多教派都有联系，他修炼过苯教和红教，参与开创了白教，对密宗很有心得并被后来的黄教所沿袭，所以受到藏传佛教各派的尊崇。

米拉日巴佛阁

米拉日巴佛阁是唯一一座供奉藏传佛教各派宗师的名刹，内有佛像 1720 尊。这些佛像不仅是艺术品，也是信仰的象征。每一尊佛像背后都有一个故事，每一个故事都代表着一种智慧或一种境界。走进米拉日巴佛阁，就像走进了一个历史与文化的长廊。

米拉日巴佛阁由红墙围绕，形成一个塔院，院墙上是密密排列的尖锥形小白塔，前院南墙正中是一道十分华丽的牌坊门。整座建筑色彩非常艳丽，有红色的石墙，绛紫色的边玛草墙檐，白色的带饰，黑色的围幔，橘黄色的遮阳帘，金光闪闪的屋顶等。其最引人注目的标志性建筑是由一个圆轮和两旁相对而立的两只小鹿构成的"圆轮双鹿"，象征着信徒对佛教文化的虔诚学习和追求。

佛阁内反映藏传佛教内容的壁画绘画技法高超，且规模宏大，美轮美奂，与彩绘、唐卡、塑像浑然一体，颇具宗教神秘色彩，艺术价值很高。尤为特别的是，这些壁画以"连环画"的形式呈现在观众面前。每一幅大的壁画，都是由若干相互关联的小壁画构成，每一幅小壁画，都有用朱砂书写的藏文说明，所有文字连在一起，与壁画相得益彰，讲述着一个个动人的藏传佛教故事。

佛阁内的壁画与彩绘色彩明媚，是用当地特有的矿植物颜料调出来的。这种矿植物颜料全部取自天然物质，主要有孔雀石、云母、朱砂、黄铁矿、褐铁矿、高岭土、蓝铜矿、雌黄、雄黄、瓷土矿、许康草、胭脂、花青、黄莲花等，不含任何化学药品，颜色看起来更加高贵亮丽，而且经久不褪。

对于信徒来说，米拉日巴佛阁是心灵的归宿；对于游客来说，米拉日巴佛阁是了解藏族文化和佛教信仰的窗口。它静静地矗立

合作当周草原景区

香巴拉旅游艺术节盛况

在合作市区东北部，见证着历史的变迁，守望着虔诚的心灵。

香巴拉旅游艺术节是合作市每年盛夏举办的甘南最大的综合性旅游节庆活动。"香巴拉"是藏语的音译，又译为香格里拉，意为"极乐世界"。佛教经典记载："意译持乐世界，佛教一净土名。此世界地为圆形，雪山环绕，状如八瓣莲花，花瓣之间河水周匝。贵种王朝，世领其地，佛说时轮经教，今犹盛传。"香巴拉是一个传说中的世外桃源，是藏传佛教徒向往追求的理想净土。香巴拉旅游艺术节源于藏族民间一年一度的香浪节。"香浪"，藏语意为"采薪"。相传，过去每年寺院僧人要在盛夏时节外出采伐烧柴，因路途遥远当日不能返回，便在依山傍水处露营，多至数日，后演变成一种群众性的游山野炊活动。香巴拉旅游艺术节主会场设在当周草原景区，节会隆重热烈，已成为甘肃省敦煌行·丝绸之路品牌活动。期间，甘南各族群众纷纷在当周草原搭建帐篷，自发组织登山活动，开怀畅饮，歌舞娱乐。当周草原成了人们欢乐的海洋！

民俗文化的集散地——夏河县

夏河县位于合作市的西北，距离合作市 60 千米左右，地势由西北向东南倾斜，海拔在 3000~3800 米之间。

1980 年，夏河当地一位僧人在夏河白石崖溶洞无意间发现一块带着两颗完整牙齿的下颌骨化石，将其献给了当地寺庙的活佛。寺庙将化石悉心保存，后来辗转交到原中国科学院一位研究员手中。就是这样一个小故事，却在不久之后吸引了世人的目光。2010年起，兰州大学环境考古团队在此进行了长达10年的考古调查发掘。考古调查结果是，被命名为"夏河人"的化石属于古老型智人的一种——丹尼索瓦人，距今已有19万年。这一发现，将夏河人类历史推进到更早的旧石器时代，说明这片土地远古时期就有人居住，并为现在藏族和夏尔巴人所拥有的高海拔环境适应基因的来源提供了新的线索。

夏河因大夏河水而得名，大夏河在藏语中被称为"桑曲"，据说是世界最长的英雄史诗《格萨尔王传》中格萨尔王登基煨桑的地方，因此得名。煨桑原为一种宗教仪式，后来演化为藏族群众的一种民俗活动。"桑"藏语为"清洗、消除、驱除"之意。煨桑就是在桑炉里燃起松枝、柏枝，加入青稞、糌粑等五谷杂粮，并洒入少量清水，生成桑烟，祭祀神灵，祛除邪气，净化自身。在传统习俗保存较好的藏族群众的居住地，每天清晨，比第一缕阳光更早升起的，并不是炊烟，而是桑烟。每逢藏历五月十五或一些重要的节会，煨桑活动更是盛大隆重。格萨尔王认为，若不煨桑祭神，岭国的护法神就不能帮助他降伏妖魔，因此决定五月十五煨桑祭神："五月十五时辰吉，岭国臣民请细听，上玛迦山峰之巅，煨名贵柏桑之叶，祭四方神灵护法。"这便是藏历五月十五煨桑的由来。

夏河境内有大夏河水流过，水资源丰富，又因有桑科草原等富饶的草场，所以夏河一直以来是甘南的主要畜牧业基地之一。

格萨尔王在此登基煨桑，可见夏河地理位置的重要性。夏河是甘南的门户，自古就有"东通三陇，南接四川，西连康藏，北近青蒙"之称。历史上曾是甘青川三省安多地区的政治、经济、文化和宗教活动中心，也是茶马贸易市场，与拉萨、德格一同被称为藏族三大古文化中心，被历代中央王朝视为边塞军事要地。

甘南的第一县白石县，是在夏河设立的。据史书记载，夏河古为羌戎牧地，汉昭帝始元六年（前81）设立白石县，与当时兰州的金城郡同时设立，属于金城郡管辖，这是中央王朝在甘南域内建立的第一个行政建置。郡县制起源于春秋时期，郡源于秦国，县源于楚国。从秦朝开始在全国范围内推行郡县制。据考证，白石县的位置就是今天夏河甘加乡的八角古城。

1996年，夏河县城被列为甘肃省历史文化名城。

时间回溯到清顺治五年（1648），在夏河县的甘加地区出

白石崖溶洞

生了一位对甘南乃至藏传佛教都产生了深远影响的人物，他就是一世嘉木样大师俄旺宗哲。大师自幼聪明颖慧，勤奋好学，12岁出家为僧，曾任拉萨哲蚌寺郭芒扎仓堪布（总法台），著有《五部宗教哲学辩论注释》，这部著作后来成为格鲁派各寺院学经、讲学的教材。1708年，在蒙古亲王察罕丹津的两次邀请下，俄旺宗哲大师答应重返故里，修建拉卜楞寺，弘扬佛法。1709年，拉卜楞寺建立，周边寺院陆续尊其为宗主寺，原受各寺院控制的部落亦成为拉卜楞寺的教区，青海、四川的部分寺院、部落也依附于拉卜楞寺。因宗教势力日盛，拉卜楞寺最终成为政教中心，控制了辖区政治、经济、文化及司法诸权。

拉卜楞寺现已成为包括修显宗的闻思学院，修密宗的续部上学院、续部下学院，修天

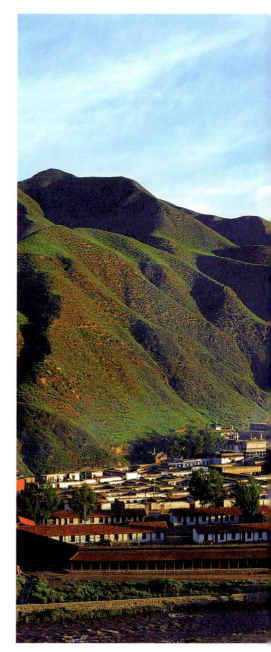

拉卜楞寺

文的时轮学院，修医药的医药学院和修法律的喜金刚学院6大学院，108属寺和八大教区的大型寺院，拥有完整的藏传佛教教学体系，是藏传佛教格鲁派最高佛教学府之一，被誉为"世界藏学府"。

在拉卜楞寺西南角有座古老的木桥，横跨大夏河，过桥上山，站在晒佛台上能将拉卜楞寺的全景尽收眼底。

寺院规模宏大，占地面积86.6万平方米，走在其中，仿佛身处一个完全保留古时建筑风貌的乡镇。整个建筑群由六座经堂、48座大小佛殿以及活佛住宅、僧舍、转经廊组成。寺中所有建筑，均以当地的石、木、土、苘麻为建筑材料，绝少使用金属，外石内木。主要建筑选用姜黄、深棕色等暖色调，突显庄严与尊贵，重要佛堂的顶部有鎏金金顶和鎏金的法轮、阴阳兽、宝瓶、幡幢、雄狮等，辉煌壮丽。部分殿堂还融合和吸收汉族建筑成就，建有宫殿式屋顶，上覆鎏金铜瓦或绿色琉璃瓦。僧舍外墙为白色，大门边框为红色，白红搭配，朴素、安静。主要建筑有弥勒佛殿、小金瓦寺、宗喀巴佛殿、狮子吼佛殿、大经堂、藏经楼、贡唐宝塔等。拉卜楞寺的转经长廊是世界上最长的，共有2000多个转经桶，约3.5千米，环绕整个寺院，走完一圈，需要一个多小时。

拉卜楞寺珍藏的民族文物和佛教艺术品有1万余件，包括佛像、雕塑、壁画、唐卡、佛塔、法器等，各殿堂内高8米以上铜制鎏金或檀香木雕的大佛就有16尊，最高的达18米。现存经卷8万余部，其中藏经楼的馆藏图书6万余册。寺内珍藏的两部贝叶经，是佛学界的稀世珍宝。藏有帝王册封和赠赐的金敕、印鉴、封诰、大幅匾额、千佛树、珍珠塔、玉如意、陨石、海马牙等。拉卜楞寺无愧为一座文化艺术宝库。

拉卜楞寺还孕育出了诸多民俗文化。甘南草原香浪节缘起于拉卜楞寺，国家级非物质文化遗产"道得尔"佛殿音乐出自拉卜楞寺，国家级非物质文化遗产"南木特藏戏"由拉卜楞寺倡导改编而成，规劝猎人不要杀生并表达祛除魔怪思想，祈求当地风调雨顺、五谷丰登、人畜兴旺的省级非物质文化遗产戏剧艺术"哈钦木"源自拉卜楞寺，拉卜楞卓舞、拉卜楞格尔舞、拉卜楞则柔演唱是甘南民间歌舞艺术的代表，拉卜楞唐卡是甘南唐卡艺术的典范，等等。

在五世嘉木样活佛的兄弟当中，诞生了一位开国将军。1920 年春，丹贝坚赞（汉名黄正光）被选定为拉卜楞寺第五世嘉木样活佛，举家迁居拉卜楞。当年他的哥哥黄正清（1903—1997）藏文名"洛桑泽旺"，17 岁。红军长征到甘南后，黄正清主动与红军接洽，支持红军北上会师。1937 年 7 月抗日战争全面爆发后，在五世嘉木样活佛的支持下，黄正清和其弟黄正基于 1937 年冬季成立一支由 20 人组成的慰劳抗日前方将士代表团，黄正基任团长，制作了 8 面锦旗，携带了大批慰问品，奔赴北方各个战区慰劳抗日将士。代表团辗转奔走，用了近一年的时间，才慰问完各个战区。黄正基因长途奔波，身染重疾，不幸逝世，时年 28 岁。1942 年，抗日战争进入到最艰苦的阶段，有些人对抗战前途悲观失望。在此危难时刻，时任拉卜楞保安司令的黄正清带领拉不楞地区的 50 名上层人士，千里迢迢奔赴重庆，向国民党政府捐赠可购买 30 架飞机的巨额白银。由此，国民党南京政府为表彰拉卜楞广大僧俗的抗日爱国行为，特赐"输财卫国"的匾额一块，至今保存在拉卜楞寺内。1949 年，黄正清率部起义参加革命，并组织群众欢迎解放军，见证夏河解放。1955年黄正清被授予少将军衔，是开国将军中唯一一位甘肃的藏族将军。

"风雨人生路，汉藏兄弟情。"黄正清在他的回忆录中写道："我这一生，有两个共产党员对我影响巨大。一个是甘肃早期共产党员宣侠父，让我接受了进步思想；一个是革命元勋习仲勋，让我走上了革命道路。"

抛开拉卜楞寺之于甘南的深远影响，夏河悠久的人文历史和优美的自然风光也让人神往不已。电影《天下无贼》、电视剧《苏鲁梅朵》、数字电影《拉卜楞人家》就是在夏河拍摄的。这里的自然风光有桑科草原、甘加草原、达尔宗湖；自然与人文结合的景点有甘加秘境；历史遗迹有土门关遗址、八角古城、斯柔古城；民俗节会活动有藏历新年、四月娘乃节、插箭节、六月香浪节、

达尔宗湖

七月赛马节；寺院活动有正月祈愿大法会、二月法会、七月劝善大法会、九月法会等。

神龙庇护的地方——碌曲县

　　碌曲，藏语意思为"洮河"，是洮河的藏语音。碌曲县就是以藏语洮河之名而命名的县。藏语"碌"为"神龙之意"，"曲"为"河"，合在一起，就是"神龙河"。在藏传佛教中，"碌"被认为是下界的神灵，在河水、湖泊及地下居住，掌管雨水和土地，是吉祥的神灵。根据《格萨尔王传》记载，雄狮大王格萨尔的下界父母，父亲是著名山神"念"族的后裔，母系是"碌"族的后裔。由此可知，奔流不息的"神龙河"是一条吉祥神圣之河。以神龙河命名的碌曲人杰地灵，物华天宝。

　　碌曲北接夏河，地处历史上泛指的"羌中"。汉武帝元鼎六年（前111），西羌联合匈奴围攻枹罕（今甘肃临夏），汉朝派兵破西羌，设置护羌校尉，管理西羌事务。此时碌曲归护羌校尉管辖。隋朝时置洮源县、洮阳县。唐初置西沧州，广恩县置广恩镇。唐中宗景龙之后的715年陷于吐蕃。宋为唃厮啰所属。元明清为洮州卫辖域。民国时划归临潭县。

　　碌曲历史悠久，古迹众多，自古便是唐蕃古道跨越黄河首曲的通道，历史上的齐家文化、寺洼文化、唐蕃文化、吐谷浑文化曾在这里驻足交流。在历史长河中，碌曲的传统历史遗存文化、生态游牧文化、藏传佛教文化、民族民俗文化、格萨尔王文化等被完整地保存下来。在民俗文化方面，碌曲县有"锅庄舞之乡"的美誉。为了将锅庄舞这一古老的民族文化传承和发扬，碌曲县已多次举办锅庄舞大赛。除了锅庄舞以外，碌曲西仓寺每年农历正月十四举行的盛大法会以及部落巡游的"亮宝节"，还有郎木寺正月十三的瞻佛节也别具一格。

　　碌曲地势高亢，地形主要为盆地和山地。西倾山位于碌曲与玛曲两县之间，西延部分进入青海省境。向东延伸部分称为郭尔莽梁，位于甘川边界，因此境内西南高，东北低。西部为高原山地，东部地处洮河流域，两岸山岭陡峭，沿河两岸的小片河滩地是主要的农业种植区。全县平均海拔 3500 米，属高寒湿润型气

碌曲锅庄舞

尕秀村貌

候，春凉回暖晚，夏温雨水多，秋爽降温早，冬冷风雪大。冬季长，春秋短促，夏季一晃而过。年平均气温 2.3℃，夏季平均气温 18℃，是休闲避暑的胜地。

　　碌曲县水资源丰富，河流众多，长江水系的一大支流白龙江发源于碌曲境内。高原神湖尕海湖，藏语称为"姜托措钦"，意为"高寒湖"，距离县城 40 多千米，国道 213 线在此经过，是甘南第一大淡水湖，也是青藏高原东部的一块重要湿地。洮河泻翠拥绿，从西南至东北横贯碌曲全境，在碌曲境内流程全长 146 千米，给这片土地带来了无限生机。所以，藏族人民对它有着深

则岔虎峰

郎木寺瞻佛节

厚的感情，常常把它赞颂。有一首流传极广的牧歌是这样唱的：
"玛曲碌曲两河，是龙王深宫的甘霖。"

碌曲自然景观险秀奇雄。造山运动、断层、节理、风化剥蚀
等大自然的鬼斧神工给它留下了诸如硅灰岩地貌景观等众多杰
作。这里有尕海、则岔两个国家级自然保护区，有石门洞等现已
初步查明的天然洞窟13处，有神山泉、雨水泉、玉液泉等100
多眼清泉。这里群山起伏，雪峰耸立，草原广袤，花繁林茂。在
碌曲5298平方千米的土地上，每到一处，都可以看到山水相连、
天地一色的迷人景色。

天下黄河第一弯——玛曲县

玛曲有很多"之最"。

总面积为 10 190.8 平方千米的玛曲县是甘南占地面积最大的一个县,常住人口仅5.7万人,因此也是甘南人口密度最小的县。

玛曲,藏语的意思为"黄河"。这个看似普通的名字,却是我国唯一一个以中华民族母亲河命名的地方。黄河发源于青海巴颜喀拉山,自西向东从青海门堂乡流入玛曲后,在玛曲东南甘川交界处遇到来自四川北部高山的阻挡,于是掉头,形成了罕见的180°大转弯,重新流回到青海。人们常说九曲黄河,这一曲,就是天下黄河第一弯。黄河在玛曲的流程为433千米,流域面积达9600平方千米,也就是说全县有94%以上的土地都属于黄河流域。黄河流入玛曲时的水流量占黄河总流量的20%,流出玛曲时水流量约增加到60%,在玛曲段的补充水量约占黄河总水流量的40%。因此有黄河发源于青海,成河于玛曲之说。境内星罗棋布的大小溪流、湖泊和沼泽湿地,构成了黄河上游完整的水源体系。贡赛喀木道,位于阿万仓镇以南,藏语意为贡曲、赛尔曲、道吉曲三条河流与黄河的汇流之地,属盆形草原区。贡曲、赛尔曲在阿万仓镇的西北,道吉曲在阿万仓镇的东面。由于河岸极低,排水不畅,这里形成了大面积的沼泽地。远看贡赛喀木道风景区,河流回环,就像一条条玉带飘落在草原上。2010年,在第十六届亚洲旅游业金牌奖及大中华区域文化大奖发布会上,"天下黄河第一弯"被评为"亚洲大中华区十大自然原生态旅游区"。2005年,玛曲的阿万仓——乔科湿地草场与其连成一片的若尔盖湿地、曼扎塘湿地、尕海湿地在《中国国家地理》组织的"选美中国"活动中被评为"中国最美的五大草场湿地"第一名。

玛曲位于甘南的西南部，甘肃、青海、四川三省交界处，东北以西秦岭山系之西倾山为界与碌曲接壤，东南与四川阿坝藏族羌族自治州的若尔盖县、阿坝县为邻，西南、西北分别与青海果洛藏族自治州久治县、甘德县、玛沁县毗邻，北接青海黄南藏族自治州河南蒙古族自治县。古称羌区赐支河流域，属羌族地区，有明确史书记载的历史早在周穆王时期，以白鹿为图腾的董氏（党项羌族）印迷所属玛柯（河曲）部便繁衍于此。663 年，吐蕃统一青藏高原后，才成为藏族的游牧之地。玛曲人杰地灵，素有"卓格岭地"之称，是《格萨尔王传》中格萨尔于岭国赛马称王崛起的地方。相传格萨尔王 12 岁时历经艰辛万苦和重重磨难，在黄河首曲寻得马中神骥——河曲马，并在岭国赛马中一举夺魁称王，因此玛曲又被誉为"格萨尔的发祥地"。目前全国有三个格萨尔王历史研究基地，玛曲是其中之一。境内有吐蕃赞普赤松德赞军事指挥部遗址、吐蕃青布墓葬遗址、西哈岭王国天子珊瑚城遗址、噶·伊西达吉遗城遗址等古遗址。

甘南的平均海拔 3000 米以上，而玛曲的平均海拔达 3700米，是甘南平均海拔最高的地区。昆仑山系之阿尼玛卿山（积石山）从西向东横贯县境中部，西倾山从北向南绵延进入县境北部，形成了玛曲西北高、东南低、由西北向东南高度递减的地势。阿尼玛卿山脉主峰玛卿岗日位于青海果洛境内，海拔高度为7170 米。进入玛曲境内后，虽高度在下降，但仍旧有众多山峰在 4500 米以上，其中乔木各尔山海拔 4806 米，是玛曲境内最

贡赛喀木道

高的山峰。境内属高原大陆性高寒湿润区，高寒多雨（雪），无四季之分，仅有冷暖之别。冷季长达 314 天，漫长而寒冷；暖季 51 天，短暂而温和。日照充足，辐射强烈，无绝对无霜期，年平均气温 1.2℃。

甘南的草原很多，主要分布在玛曲、夏河、碌曲和合作。玛曲草原不但是甘南最大的草原，也是全亚洲最大的草原。严峻的气候锻造了河曲马、阿万仓牦牛、欧拉羊和河曲藏獒强壮的体魄，使这里成为四大优良畜种产地。玛曲的矿产资源也非常丰富，有金、铁、铜、锡、钼、钨等金属矿和泥炭、大理石等非金属矿，其中黄金产量居甘肃第一，全国第四。不过现在为了保护草原，金矿都逐渐关闭了。

玛曲有"天下黄河第一弯""世界最大最美湿地草场""格萨尔发祥地""中国赛马之乡"和"藏民歌弹唱故里"五大旅游名片。在几千年的岁月更迭中，生活在玛曲大地的各个部落之间相互碰撞又相互融合，逐渐形成了玛曲的特色文化。

豪迈的玛曲，处处透露着游牧民族的诗意与旷达。一年一度的玛曲"格萨尔赛马大会"成为藏族群众的体育盛会，吸引着全国各地的赛马爱好者同台竞技。2008 年，玛曲被国家体育总局授予"中国赛马之乡"的美誉。玛曲的民间弹唱历史悠久、内容丰富、曲调繁多、节奏明快。以华尔贡为代表的民间弹唱艺术人才辈出，因此玛曲也被称为"弹唱故里"。

玛曲的寺院也是历史悠久而且分布广泛，有木拉寺、年图寺、齐哈玛寺、乃日玛寺、娘玛寺等。其中娘玛寺有世界上最大的大藏经转经筒。

　　黄河似一条丝带飘落在玛曲草原上，给这片土地带来了迷人的自然景观。著名景点有黄河第一弯、阿万仓风景区、七仙女峰、欧拉克琼湖、西梅朵合塘等。

西梅朵合塘

山神的拇指摁出的桃源仙境——迭部县

迭部县位于甘南南部甘川交界处，西、南与四川省若尔盖县、九寨沟县接壤，与同为世界人类自然遗产的九寨沟一山之隔。迭部县古称"叠州"。叠州，藏语的意思是"大拇指"。相传古代山神涅甘达哇经过此地，被高山挡住去路，他伸出大拇指一摁，顿时山崩地裂，缺口被打开，通道出现。因此，迭部被认为是"山神摁开的地方"。

迭部县地处秦岭西延岷迭山系之间的高山峡谷之中，具有两山一河的地形特征：重峦叠嶂，山高谷深，沟壑纵横。峡谷之多、之险、之奇，在西北地区十分罕见。境内万山苍翠，古柏参天，原始森林浩瀚恢宏；雪山对峙，石峰耸立，水帘飞瀑，奇丽壮观。如危崖千尺的江峡景观让人惊心动魄，鬼斧神工的纳加石门令人叹为观止。白龙江干流自西向东从中横穿全境，将群山分割为南北两部分，江北山地统称"迭山"，江南山地统称"岷山"。岷山，就是毛泽东《七律·长征》中诗句"更喜岷山千里雪"中的岷山。甘南的大部分地区属黄河流域，而迭部却属长江流域。整个地势西北高，东南低。海拔在 1600 米至 4920 米。高达 4920 米的迭山主峰措美峰位于迭部县卡坝乡北部，距县城 63 千米，是甘南第一高峰，也是秦岭最高峰。气候特征为夏无酷暑，冬无严寒。年平均气温为 6.7℃，气候条件在甘南市县中较为优越，有"森林之城，天然氧吧，人居天堂"之美誉。

早在新石器时代，白龙江沿岸便有了人类生产生活的足迹，马家窑文化、齐家文化、寺洼文化对这里均产生了不同程度的影

迭山群峰

响。三国时期，蜀相诸葛亮伐魏，迭部遂归蜀汉益州阴平郡所辖。蜀汉名将姜维曾在这里屯兵种粮，带来了中原先进的农业技术。吐谷浑时期，中原的农耕文化进一步传入这里，并与游牧文化相互融合。迭部一带的藏族，是吐蕃时期来自西藏达布地区（今山南）驻牧部落的后裔，在当地的语言中仍带有达布藏语口音。由于人口组成、地理位置、气候条件的不同以及多民族文化的传播和融合，带来了迭部"十里不同风"的民俗景象。

扎尕那、洛克之路、样布水磨群等是这里著名的自然生态和地域民族文化景观。当然，最令迭部人民自豪的，还是当年红军两万五千里长征为这里留下的珍贵的红色文化遗产。1935 年 9月和 1936 年 8 月，中国工农红军先后两次经过迭部。

1935 年 6 月，中共中央和中央红军长征到达川西北，在懋功与红四方面军胜利会师。6 月 26 日，中共中央政治局在两河口召开会议，决定红一、四方面军会师后的战略方针是北上创建甘陕川根据地。9月9日，张国焘背着中央发电报给陈昌浩："南下，彻底开展党内斗争"，企图危害党中央。得到消息后，毛泽东、周恩来、张闻天、博古紧急磋商决定，连夜北上，脱离险境。9月10日，中共中央发布了《中央为执行北上方针告同志书》。9月11日，中国工农红军第一方面军进入甘肃境内的第一个村庄，即距离迭部县城68千米的达拉乡俄界村（高吉村）。9月12日，在村东头一幢有着窑洞外景的小庭院榻板房中，中共中央政治局召开了紧急扩大会议——"俄界会议"，讨论了红军今后的行动方针。会议通过了《关于张国焘同志的错误的决定》，将红一、三军和军委纵队改编为中国工农红军陕甘支队，成立毛泽东、周恩来、王稼祥、彭德怀、林彪"五人团"，作为全军的最高领导核心。俄界会议纠正了张国焘分裂党和红军的错误，进一步提升和巩固了毛泽东同志在党和红军的最高核心领导地位，确定了继续坚持北上抗日的政治路线，为红军长征战略转移指明了前进方向，维护了全党全军的统一，是长征路上的"指北针"，是继遵义会议后具有转折意义的一次重要会议，在长征史、党史、军史和中国革命史上写下了光辉的一页。迭部也因此成为了中国革命的重大转折地和长征路上的"加油站"。

9月13日，红军沿达拉河顺流而下，朝东北方向的旺藏乡行进。14日晚，一军团住在旺藏村，三军团和军委纵队住在旺藏寺，毛泽东住在居中的茨日那村一户人家的木楼上。在那里，毛泽东向红四军团下达了"三天夺取腊子口"的命令。

腊子口位于迭部县东北部，是红军长征的必经门户。整个隘

茨日那毛泽东旧居

俄界会议遗址

口长约 30 米，宽仅 8 米，东西两侧是悬崖峭壁，中间是由北向南流出的水流湍急的腊子河，一夫当关，万夫莫开。驻守腊子口的是甘肃军阀新编第十四师师长鲁大昌部。腊子口战役是 9 月 16 日下午打响的。红四军团在团长王开湘、政委杨成武的指挥下，采取正面进攻和侧翼袭击相结合的作战方案，由杨成武带领四个连从正面强攻，由王开湘带领两个连攀登悬崖绝壁从侧面配合。

在腊子口战役主峰一线天靠北的峡谷中，有一面几乎近 90°、高约百米的石壁。整个石壁看起来没有任何可以落脚的地方，很难想象，红军战士是如何攀登上去的。

有一个叫"云贵川"的苗族小战士，用一根带铁钩的竹竿，钩住悬崖缝隙，顺着竹竿最先爬了上去，然后将接好的绑腿缠在树干上放下来。随后，战士们拉着绑腿一个接一个地爬上去，天亮前赶到了攻击位置。敌军后背突然遭袭，慌乱中四下逃窜。

在杨成武将军的个人回忆录中，有关于苗族小战士"云贵川"的回忆片段："那个小战士只有十六七岁，中等身材，眉棱，颧骨很高，脸带褐黑色，眼大而有神……因为他入伍时没有名字，战友们就给他起了个名字叫'云贵川'。"

经过一天一夜的激战，9 月 17 日凌晨 6 时左右，红四军团全部占领了天险腊子口。腊子口战役是红军长征六大战役之一，打通了红军进军甘肃的最后一道大门，为红军北上打开了最后一道天险，使国民党反动派企图阻挡红军北上抗日的阴谋彻底破产。毛泽东在翻越 4000 多米的朱立沟达拉山时，为了表达攻克腊子口的喜悦心情，创作了著名的《七律·长征》。

1936 年 7 月初，红二、四方面军在四川省甘孜会师后，广

茨日那 辣子情缘雕塑

腊子口纪念碑

大指战员响应党中央的号召，沿着红一方面军的长征路线北上转移。红四方面军于1936年8月5日开始进入迭部达拉乡。8月9日，红四方面军先头部队三十军八十八师攻占了腊子口，歼灭鲁大昌守军约一个营，并顺利越过朱立村的达拉山，于8月19日到达哈达铺。8月17日，红二方面军先头部队红六军进入迭部达拉沟。8月23日，红六军经过腊子口，26日到达哈达铺。

俄界会议会址、茨日那红色革命遗址、腊子口战役纪念碑、腊子口战役遗址均已成为迭部的红色旅游景点。长征精神已成为迭部的一笔宝贵的思想文化财富。

浓郁的江淮遗风——临潭县

临潭的常住人口为 12.7 万，在甘南一市七县中人口最多，面积 1557.68 平方千米，在甘南一市七县中面积最小，因此临潭是甘南人口密度最大的一个县。

临潭县地势西高东低，由西南向东北倾斜，境内多为低山深谷，沟壑纵横。海拔在 2200～3926 米之间，平均海拔 2825 米。气候属高寒干旱区，有冬长夏短、春季回暖慢、秋季降温快、冬干秋湿的高原气候特色。年平均气温 3.2℃，年降水量 383.2~668.2 毫米，年平均无霜期 65 天左右。境内旅游资源丰富，

庙花山文化旅游标杆村

旅游景点有冶力关风景区、莲花山国家级自然保护区等。2009年，张纪中执导的新版《西游记》就曾将冶力关风景区中的天池冶海、白石山、庙花山、赤壁幽谷、冶力关国家森林公园等作为外景拍摄地。其中的"乌鸡国""车迟国"等剧情就是在冶力关国家森林公园中的板夹沟拍摄的。"洮州八景"除迭山横雪位于迭部、卓尼境内，其余莲峰耸秀、冶海冰图、朵山玉笋、石门金锁、洮水流珠、黑岭乔松、玉兔临凡七景全部位于临潭。

临潭，古称洮州，位于甘南东部，历史悠久。早在新石器时期临潭大地就有先民在此生息繁衍。夏为雍州之域，商、周为羌人所据，秦为陇西郡临洮县地。南北朝首置洮州，继置洮阳郡和泛潭县。两晋、南北朝时吐谷浑入居。隋开皇十一年（591），因为县城东、西、北三面并枕洮水，有似临潭，因而以此为名，改临潭县。唐天宝元年（742）仍称临洮，后陷入吐蕃。宋为唃厮啰政权占据，绍兴四年（1134）为金占据，继称洮州，元、明仍称洮州。明洪武十二年（1379）升洮州卫军民指挥使司。清乾隆十三年（1748）改洮州厅。民国二年（1913）改称临潭县至今。

如果就地理位置的重要性而言，甘南有两个地方具有代表性，一个是夏河，另一个便是临潭了。临潭地处"西控番戎、东蔽湟陇""南接生番、北抵石岭"之要冲，进可以攻取番戎，退可以扼守中原门户。自古以来便是陇右东进西出、南来北往的门户。唐宋元明时期，这里是商贾云集、商贸发达的"茶马互市"。

各族人民在这里相互融合，共同发展，创造了灿烂的多民族文化。磨沟遗址是新石器时代至商时期的古遗址，是目前在甘南

发现的最早有人类活动的古遗址之一。在磨沟遗址范围内发现了
仰韶文化、马家窑文化、齐家文化、寺洼文化的不同遗存，充分
说明了临潭古文化的发达和其在周边地区的影响力。磨沟遗址被
中国社会科学院考古学论坛列为 "2008 年度中国六大考古新发
现之一"，被国家文物局评为 "2008 年度全国十大考古新发现
之一"。2013 年由省级重点文物保护单位晋升为国家重点文物
保护单位。

　　临潭以历史文化悠久著称。除磨沟遗址外，这里有西晋吐谷

牛头城遗址

浑所筑牛头城遗址、明洪武十二年（1379）所建的洮州卫城、宋金时期的古墓葬和临潭苏维埃政府旧址。

1936 年 8 月 14 日，中国工农红军第四方面军在朱德、徐向前等率领下进驻临潭县城（现临潭县新城镇），将全城的制高点城隍庙作为红军总部和指挥部，在这里领导开展了轰轰烈烈的革命活动，成立了临潭县苏维埃政府，同时建立了新堡、王家坟、冶力关三个乡级苏维埃政权，在临潭各族人民的心中播下了革命的火种。9 月，中共中央西北局在这里召开了著名的"洮州会议"，

新城苏维埃旧址

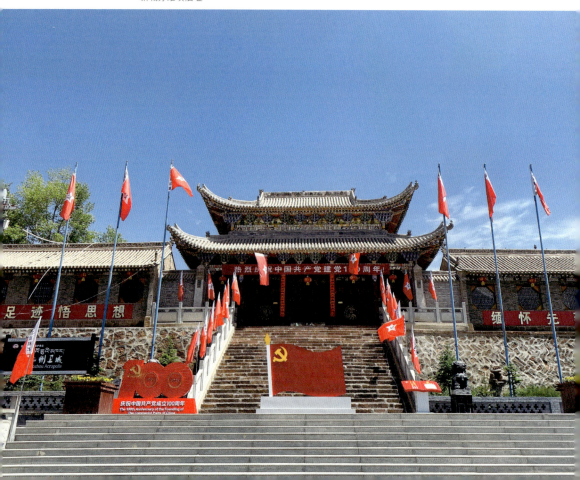

做出北上与红一方面军会师的决定，促成红军一、二、四方面军三大主力的胜利会师。朱德在临潭留下了"抗日反蒋星夜渡，为国跋涉到临潭"的诗句。

新城镇的城隍庙原为北宋吐蕃唃厮啰首领鬼章的府邸，元世祖忽必烈南征大理途经临潭时将这里作为驻跸之所（行宫），所以民间有"藏王银安殿""鞑王金銮殿"之说。明清以后为庙宇，占地6600多平方米，以歇山式建筑风格为主，前殿后宫，山门连接戏台，体现了临潭人民的智慧。

明洪武十二年（1379）初，洮州番酋叛乱，明廷派沐英率军征讨，并派曹国公李文忠亲往督战。叛乱很快被平息。明太祖朱元璋认为洮州为边塞要地，"诚不可无兵以守之"，遂亲下诏谕："洮州，西番门户，应筑城戍守。"西平侯沐英在原洪和城的基础上重新修建了洮河卫城。

由于洮州距离京都遥远，军粮补给困难，李文忠上书撤兵，但是朱元璋考虑到战略意义，便降旨命李文忠等在此驻兵留守。李文忠将带来的江淮一带士兵留在当地开荒种田，战时为兵，平时三分守城，七分屯田，并陆续将屯军家属以及大量南京、安徽以及其他江淮地区的农民迁来定居，成为当地的永久居民。著名历史学家、民俗学家顾颉刚曾于1937年至1938年间来临潭、卓尼等地考察。他在《西北考察日记》中写道："此间汉回人士，问其由来，不出南京、徐州、凤阳等三地，盖明初以战乱来此，遂占田为土著。"

两千多年间，洮州大地烽火不断，战争连绵，成就了洮州军事要塞的重要地位，赋予了这里背井离乡的愁绪，留给了这里一笔丰富的历史文化遗产。远离故土的江淮人不但带来了先进的生产技术，也把江淮文化带到了这里。由于洮州自古交通闭塞，受外界的干扰和冲击不大，江南一带的传统习俗便在洮州生根发芽，一代一代地传承下来。

临潭县城元宵节的"万人拔河"赛便起源于西平侯沐英率军平定洮州十八族番叛时军中的"牵钩"游戏，为襄汉风俗。平定叛乱后，军队就地驻守，屯田戍边。许多人落户洮州，牵钩之俗也从军队传到民间。这便是洮州"万人拔河"赛的历史渊源。"万人拔河"赛又被称为"万人扯绳"赛，每年的农历正月十四、十五、十六日晚上举行。比赛没有明确的分队，只是以县城西街为界限，以北的群众属于一支队伍，以南的群众属于一支队伍，当地人分为上片和下片。不分男女老幼，不分宗教信仰，只要能够上场就能参与到比赛中。比赛以鸣炮为号，开始角逐。霎时，呐喊声、哨子声、鞭炮声、音乐声融为一体，整个县城一片沸腾，山川为之震动，场面之壮观，让人赞叹不已。2001年7月"万人扯绳"被载入吉尼斯世界纪录。2007年达到高峰，参赛群众达15万人之多。为防止绳子被扯断，麻绳被换成了直径8厘米、长1808米、重约8吨的钢丝绳。

洮州十八位龙神赛会是全国独一无二的端午民俗活动，也叫洮州民俗文化节，从明初开始至今已有600多年的历史。所谓十八位龙神，就是洮州十八路神庙中供奉的诸如徐达、常遇春、李文忠、胡大海、康茂才等历史上赫赫有名的人物。同全国其他地方的端午节活动相比，临潭的迎神赛会时间长，要延续三天，内容形式丰富多彩，有"献羊""降香""踩街""扭佛爷"等

刺绣

活动，还融入了现代节会上的一些内容，如民俗展示、购物、休闲娱乐等，十分热闹。洮州十八位龙神赛会是江南古风和藏乡风俗完美结合的民俗活动，体现了这一地区汉藏文化之间的融合发展。

洮州刺绣也源于江南文化，并结合了古洮州文化，是农耕文化与游牧文化和谐共生的典型产物，具有浓厚的乡土气息和地方特色。在临潭，洮州刺绣被广泛应用于鞋帽、服饰生产以及家居装饰。无论是婚丧嫁娶，还是节会庆典，都离不开洮绣艺术品的点缀。临潭洮绣艺术，传递着独特的审美追求，已深深融入临潭人民生产生活的各个方面。

藏王故里，洮砚之乡——卓尼县

卓尼是藏语"觉乃"的音译，藏语觉乃是"马尾松"之意。

卓尼境内有一个著名的寺院，叫禅定寺，又叫卓尼寺，坐落在县城西北约 500 米处。这里山顶祥云缭绕，山下洮河似玉带缠绕。萨迦派领袖八思巴看中了这块地方，于 1295 年派人主持建造了这座寺庙。因建造时以原址上高大的马尾松用作寺院大殿的柱子，因此这座寺院在当时被称为卓尼寺。卓尼寺建成后，因土司辖区实行"兄为土司，弟为僧纲，如遇独子，则身兼二职"的管理体制，寺院得到卓尼土司的鼎力支持。清康熙四十九年（1710），康熙召见第十一代土司杨汝松之弟、卓尼寺主持堪布阿旺赤勒嘉措，封其为大国师，受僧纲爵，并御赐"敕赐禅定寺"的匾额，寺院遂易名，沿用至今。鉴于寺院在当地的影响，时间久了，卓尼寺所在的地方便被称为卓尼，这就是卓尼这一地名的来历。

据卓尼县志记载，县境中藏族的族源主要有三部分：一部分源于境内氐、羌、吐谷浑、鲜卑等民族融合而成的部落，一部分源于迁徙定居的吐蕃后裔移民部落，还有一部分源于吐蕃戍边军士留在卓尼形成的部落。

卓尼有藏巴哇镇。"藏巴哇"的藏语意思为"西藏后藏人"。卓尼藏族的祖先很多是从西藏迁徙过来的。区别于甘南其他地方藏族的独特之处，其中最有特色的要数卓尼藏族妇女的服饰了。卓尼藏族妇女的头发都梳成三根粗大的辫子，当地汉语方言中把辫子称为"格毛儿"，所以卓尼藏族妇女又俗称"三格毛儿"，

禅定寺

卓尼藏族妇女的服饰便被称为"三格毛"服饰。"三格毛"服饰沿袭西藏拉萨宫廷服饰和发型样式，是至今藏族聚居区保留最完整的古代宫廷服饰及礼仪的"活化石"，具有很强的民族特色和观赏、研究价值。为保护和传承这一独特的服饰，卓尼藏族服饰已被列入甘肃省第三批非物质文化遗产名录。

提起卓尼藏族，不能不提及第十九代土司杨积庆。这位历史人物，对中国革命做出了重大贡献，在卓尼有杨积庆烈士陵园。关于杨积庆，约瑟夫·洛克在为美国《国家地理》杂志撰写的长达 46 页的《在卓尼喇嘛寺的生活》中有着生动的描写："杨（积庆）一半是藏族人，一半是汉族人"，"他中等个子，修长，聪明，与幼稚的木里国王不同。在很多方面，他是一个十分时髦的

禅定寺

人，对于外界的世界有着惊人的独到见解"。1935年8月20日，《大公报》记者范长江到达卓尼，与杨积庆在博峪衙门——土司司令部促膝而谈。他在《中国西北角》一书中这样描述杨积庆："杨氏聪敏过人，幼习汉书，汉文汉语皆甚通畅。"

鉴于在当地的影响力，杨积庆成为各路军阀争相笼络的对象。1914年，北洋军阀授予杨积庆"五等文虎"勋章。1928年，甘肃督办刘郁芬任命他为"洮岷路游击司令"。1932年，南京政府又任命他为"洮岷路保安司令"。1935年9月到1936年8月，中国工农红军途经杨积庆辖区期间，蒋介石集团三令五申，要杨积庆坚壁清野，并以失地论罪相威胁，要求杨积庆拒红军于辖区外，灭红军于辖区内。

在红一方面军两万五千里长征途经卓尼辖区迭部时，审时度势、深明大义、顺应发展的杨积庆，拒不执行国民党阻击红军的指令，为红军将士开仓放粮。这对于饥寒交迫的红军将士来说，简直就是雪中送炭。而且他还下令修复被国民党破坏掉的达拉沟栈道、九龙峡栈道和尼傲峡木桥，让红军快速通过白龙江北上。从俄界到腊子口，虽然路途不到百里，但均为深山老林、羊肠小道，其中还要经过悬崖绝壁上的栈道、临空摇晃的索桥和波涛汹涌的陡峡。可是，红军所到之处，却未见一兵一卒，沿途还有装满小麦的粮仓。次年红四方面军经过这里时，杨积庆再次开仓放粮，还为红军腾出房间做指挥部，派出向导为红军带路，赠送红军马匹、牛羊、食盐，安置红军几百名伤病员。杨积庆为中国工农红军完成战略转移和北上抗日做出了巨大贡献。

　　土司是明清时期朝廷任用西北、西南地区各少数民族上层人物对少数民族地区进行管理的一种官职。卓尼土司政权是一种政教合一的政权，自明朝永乐十六年（1418），卓尼土司始祖些

卓尼杨土司革命纪念馆

地献地投明，入京朝贡，被授为洮州卫世袭指挥金事，成为第一代土司，至解放后土司制度被废除，历经明、清、中华民国三个时期，共传承20代532年，是甘肃几大藏族土司中沿袭时间最长，管辖地域和人口最广、最多，影响最大的一个土司，在甘、青乃至西北土司中很具典型性。卓尼土司最盛时期，辖区包括今卓尼、迭部全境和舟曲、临潭部分地区，面积达3.5万平方千米。明正德三年（1508），第五代土司旺秀进京觐见皇帝时，皇帝赐其姓杨名洪，授武德将军，从此卓尼土司以杨为姓。

第十一代土司杨汝松在禅定寺创办藏经刻印院，刻印藏文经典多种。他在康熙五十年（1711）进京朝见康熙皇帝回到卓尼后，遵其父母意愿，开始着手刻印《甘珠尔》版本《大藏经》的准备工作。藏文《大藏经》分《甘珠尔》和《丹珠尔》两大部分，其中《甘珠尔》包括显密经律，主要为佛教的原始经典，《丹珠尔》为释迦牟尼弟子对佛语的阐释和论述的译文集成。杨汝松用10年时间，完成了刻写《甘珠尔》版本的最后校本，并于康熙六十年（1721）开工刻写《甘珠尔》，1731年全部刻完。继刻写《甘珠尔》后，第十四代土司杨声历时20年，刻写完卓尼版《丹珠尔》经版，使《大藏经》的刻版双璧合一。卓尼版《大藏经》的刻写是《大藏经》刻写史上的一大创举，不仅对佛教传播带来一定的影响，而且对藏族文化的传承发展做出了重大贡献，也使卓尼以及禅定寺名扬中外。

1937年，驻岷军阀鲁大昌以杨积庆私通红军为借口，制造了"博峪事变"，杀害了杨积庆以及他的长子杨琨和眷属7人。这一事件引起卓尼当地群众的极大愤怒。后国民党甘肃省政府迫于形势，任命杨积庆的次子杨复兴继任父亲的职位。当时杨复兴年仅8岁，不能理政，暂由其母杨守贞和参谋长杨一隽代理政务。杨复兴成为卓尼最后一任土司。1949年9月11日，杨复兴响应党的号召，率领全境人民起义，并担任岷县专区卓尼民兵司令部司令员兼县长。1950年岷县专署撤消后，开始建立地方基层人民政权，杨复兴担任了卓尼藏族自治区行政委员会主任。从此，政教合一的卓尼世袭土司制度宣告彻底废除。这是卓尼社会发展史上的一个伟大转折。卓尼土司为中国革命、当地社会稳定、各民族之间的团结和文化传承作出的积极努力，应被我们所记住。

卓尼有"藏王故里，洮砚之乡"之称誉。藏王，即西藏摄政王之简称。在藏传佛教除了达赖和班禅两大活佛转世系统外，还有其他活佛转世系统，西藏策墨林活佛系统便是其中之一。策墨林活佛系统在清代西藏产生过重要影响。在西藏藏传佛教历史上，策墨林活佛系统出任摄政的时间居于四大林（丹吉林、策墨林、功德林和锡德林）之最，有四位策墨林活佛出任西藏摄政王，包括开创西藏策墨林传承制度的一世策墨林活佛阿旺楚臣。而这四位策墨林活佛均生于卓尼，因此卓尼就有了"藏王故里"的称谓。在卓尼有一世策墨林活佛阿旺楚臣的家族墓地——藏王坟。

中国有四大名砚，分别为端砚、歙砚、澄泥砚、洮砚，其中的洮砚主产地就位于卓尼。洮砚在唐宋时期就已出名，工艺精致，风格典雅，图案精美，质地上乘，深受文人墨客的喜爱，卓尼也就有了"洮砚之乡"的美誉，也因此被文化部命名为"中国民间艺术——洮砚之乡"。

除藏王坟外，卓尼还有唐代大将军哥舒翰创立的神策军重镇迭当什古城遗址，洮西地区古代著名的军政重镇阳坝古城遗址，集寺洼文化和齐家文化特征的录日岔台子遗址、明代边墙古长城遗址等遗址文物。为纪念肋巴佛率众起义的壮举，当地政府还在古雅赤山腰，修建了肋巴佛革命烈士纪念亭，并把肋巴佛烈士的灵骨安葬在了这里。

1938 年 5 月 18 日，顾颉刚途经卓尼。他在《西北考察日记》中写道："卓尼风景俱佳，洮水清而松林黝，水边万柳毵毵（sān sān），深密之甚。禅定寺独居一城，临于卓尼城之上，围城皆松与杨，行其中殊静谧。"他写下了一首留恋卓尼的诗："榴红照眼忆乡关，已染胡尘不欲还。五月寻芳飞乱蝶，马兰紫遍卓尼山。"不仅如此，他还说，在他走过的地方，卓尼最好。他甚至想择一处房子，以后永远居住在这里。

正如同顾颉刚所说，卓尼风景俱佳。

卓尼地貌以高原丘陵为主，大部分为中低山地形，地势呈西南高、东北低，由西南向东北倾斜。主要山脉仅有一条，即西倾山脉，属昆仑山中支巴颜喀拉山余脉，又是秦岭山脉的西段。西倾山脉自青海延伸入甘肃境内后即析为南、中、北三支，此三支均延伸至卓尼境内，大多呈东西走向，黄河一级支流洮河由西向东贯穿县境。境内最高峰措美峰位于与迭部接壤处，海拔 4920 米，最低点柳林位于东部藏巴哇镇，海拔 2000 米。卓尼从低到高，"十里不同天"，景色宜人。有一河（洮河）、四沟（大峪沟、拉力沟、卡车沟、车巴沟）、两峡（康多峡、九甸峡）、两镇（柳林镇、扎古录镇）一百多处景点。其中最著名景点为国家 4A 级旅游景区大峪沟国家森林公园，有甘南"小九寨沟"之称。

藏乡小江南——舟曲县

舟曲位于甘肃南部,甘南西南部,面积不大,3010平方千米,但对甘南来说,却是个"人口大县",12.5万常住人口,仅次于临潭的12.7万。舟曲最显著的特点是气候。甘南的一些地方基本上是长冬无夏,春秋相连,有的地方即使有夏季,也十分短暂,而舟曲却寒暑交替明显,四季分明,冬无严寒,夏无酷暑。甘南的最低点海拔1172米,就在舟曲的瓜子沟口。舟曲年平均气温12.9℃,最热的7月平均气温23℃,最冷的1月平均气温1.7℃。每年的三月时节,甘南的很多地方还是雪花飞舞,而舟曲却已绿意盎然,百花开放,因此舟曲也被称为"藏乡小江南""不二扬州",是甘南最早迎来春天的地方。

舟曲地处西秦岭山地,岷山山系呈东南—西北走向贯穿全境。境内有"一江两河","一江"指白龙江,舟曲的藏语之意即为"白龙江","两河"就是拱坝河和博峪河。"一江两河"均属长江水系。舟曲水资源非常丰富,因此也被称为"泉城"。

充足的水资源,温暖的气候,山峦重叠的地质构造,1172米和4504米之间的海拔落差等自然条件,给这个地方带来了优美的自然环境和丰富的旅游资源。拉尕山、沙滩国家森林公园、大海沟、大峡沟、巴寨沟、翠峰山等风景名胜比比皆是。

舟曲历史悠久,历来是蜀道上兵家必争之地,史称"川陇钥匙"。远古时期就有人类在此活动。春秋战国时期为白马氐、羌的居住地。战国末期,秦昭王二十八年(前279)置陇西郡后,始置有羌道,今洮河以东地区,包括舟曲、武都县大部分地方始入秦疆域。羌道治所今舟曲西北。东汉末年，魏、蜀、吴三国鼎立，诸葛亮、姜维多次出兵陇上，扩充实力，想要一统中原。舟曲是当时蜀兵的屯田之地。魏晋南北朝时期，宕昌羌曾以此为中心建立割据政权。隋开皇四年（584），罢郡，以州统县，舟曲属宕州。宋、元、明、清及民国时舟曲均称"西固"。舟曲境内的历史遗

翠峰山花海

沙滩森林公园

迹较多，有西固城、瓜咱城、峰迭古城、华严城等古城堡，有花阳城、锁子头等20多处古文化遗址，有石家山汉、宋两代墓葬群等大量的古墓葬，有石门摩崖石刻等多块古碑石刻，有石门沟栈道等多处古建筑遗址。这些历史遗迹均为舟曲悠久历史的见证。

755年，唐朝发生"安史之乱"，吐蕃为扩展疆域，遣兵东征。当吐蕃军人走到舟曲（时称福津县）时，西藏发生了内乱，他们和吐蕃失去了联系，又受到唐朝军队的攻击，溃败后逃进深山，一部分将士便留居白龙江两岸，与当地羌人和吐谷浑融为一体。黑峪沟村即为吐蕃人居住村之一。唐末至五代，舟曲为吐蕃势力范围。清康熙二十七年（1688），黑峪沟村黄顿珠嘉措喇嘛率二十四族番人附清，朝觐康熙，朝廷敕封其为世袭土司官，管理舟曲峰迭乡至迭部洛大乡六十二族。此后长达 200 年间，舟曲主要由黄顿珠嘉措喇嘛僧纲土司衙门、卓尼杨土司、宕昌马土司三大主要势力统治。

舟曲不仅有舒适的气候，优美的风光、丰厚的历史遗迹，还有异彩纷呈的民俗文化。"藏乡小江南""不二扬州"不仅指甘南的气候、风光，也包括甘南的民俗文化。悠久的历史传承，汉族、藏族、氐族、戎族、羌族等多民族的融合发展，形成了这片土地独具民族特色的绚烂文化。目前，舟曲共有 50 项非物质文化遗产项目。其中多地舞、东山转灯节为国家级非物质文化遗产，正月十九迎婆婆、博峪采花节、巴寨朝水节、天干吉祥节、摆阵舞、舟曲织锦带、舟曲刺绣等 7 项为甘肃省级非物质文化遗产，另外还有霸王鞭、社火等 41 项为甘南州及舟曲县级非物质文化遗产。由此可见，舟曲这一规模小县，却是名副其实的文化大县。

汉武帝元狩六年（前 117），李广征西，于羌道初置武都郡，治所在今舟曲西关。李广发现舟曲河谷地带气候适宜，而且这里南控巴蜀，北上秦陇，位置重要，便上书汉武帝，建议在此驻军。后来，李广又建议向这里移民。移民中有江淮之地贫民，也有河东、关中犯事者，还有一些受到株连的官宦子弟。他们来到舟曲生活，也带来了中原文化。

仅仅从正月初六到二月初二，舟曲就会相继迎来东山转灯、大川社火、黑峪晒佛、南峪秦腔折子戏、元宵松棚楹联灯会、耍黑十七、正月十九迎婆婆、南峪龙王沟龙头节等一系列丰富多彩的节庆文化活动。其中最热闹的当数正月十九迎婆婆。

戴刺绣虎头帽的儿童

这里所说的"婆婆"，指的是传说中的圣母娘娘。正月十九迎婆婆是正月十九日晚人们将县城四街、两关以及附近村庄16个寺庙中供奉的16位婆婆，请到花花绿绿的轿子里，然后聚集在一起游街、祈福的一项民俗仪式，是汉族、藏族、羌族等民族和睦相处的见证。活动举办期间万人齐聚，尽情狂欢，将舟曲的整个正月活动推向了高潮。

舟曲的"楹联文化"享誉全国，2015年成功创建"中国楹联文化县"，是全国少数民族地区第二个、西北五省第一个荣获国家级楹联文化县的单位。舟曲民俗风情楹联文化节被评为"最美中国·首批最具影响力特色节庆活动"。西大街上的灯廊则被命名为"中国第一楹联文化街廊"，是舟曲县城的一大景观。这条街道是一条依山而建的仿古老街，东西延伸，大大小小的店铺古色古香，店铺门口无一例外都悬挂着对联，街道中间有两段四季常在的灯廊，文化氛围浓郁。

从明代起舟曲便开始举办元宵松棚楹联灯会，沿袭至今，历史悠久。灯会集楹联、书画、社火（戏曲、歌舞、音乐、杂

耍等）、手工艺等多种文化形态于一体。每
年正月十四到正月十九，县城大街小巷松棚
长廊贯通，上悬匾额及各式楹联灯箱、灯笼、
谜语等，游人观灯赏联猜谜，盛况空前。走
在灯光璀璨、人潮涌动的街头，仿佛穿越了
时空，来到了唐都长安的上元之夜。

　　站在舟曲的"中国第一楹联文化街廊"，
置身在灯联的海洋之中，你能深深感受到舟
曲这片土地传统文化的深沉与厚重。感谢舟
曲，能够把这么多的文化形式传承下来！

舟曲松棚楹联灯会

CHAPTER 03

▎甘南的自然风光

翠峰山

甘南被大家习惯上称为"甘肃的后花园"，费孝通先生则形象地将甘南称誉为"青藏高原的后花园"。"后花园"一般指气候特别适宜、环境特别优美的休闲度假之地。能够被称为"后花园"，可见甘南的气候条件和自然环境在甘肃、在青藏高原乃至在全国均具有独树一帜、得天独厚的地方。

甘南属高原地区，海拔在 1172～4920 米之间，全州平均海拔 3000 米以上。虽然地处高原，但在七八月份，草木葱郁，鲜花盛开，氧气非常充足。玛曲等地长冬无夏，春秋相连，大部分地方冬长夏短，年平均气温 1℃～13℃，所以，七八月份在一些地方燥热难耐之时，这里却凉爽宜人，早晚穿长袖，晚上盖棉被，不用开空调，是人们的避暑胜地。

甘南水资源丰富。境内湖泊众多，河流密布。主要湖泊有尕海湖、达尔宗湖、天池冶海、欧拉克琼湖等。主要河流有一江三河，分别为白龙江、黄河、大夏河、洮河。一江三河的大小支流有成百上千条。阿尼玛卿山等高山的冰雪融水和地下水为河流提供了充沛的水源，使甘南成为众多河流的源头。白龙江发源于郎木寺附近的纳摩大峡谷。大夏河源于甘青交界的大不勒赫卡山南北麓，有南北两源，北源大纳昂出自青海同仁市，南源桑曲却卡出自夏河县，南源、北源在夏河桑科汇流后始称大夏河。一般认为南源桑曲却卡是正源，所以可以说大夏河也发源于甘南。黄河虽发源于青海，但却成河于甘南。甘南高寒阴湿，降雨量较为丰富，年平均降雨量在 400～800 毫米。由于气温低，蒸发量小，再加上草原之下的泥炭层蓄水能力强，所以甘南的湿地多，且湿地面积大。玛曲阿万仓湿地是世界上面积最大的湿地。河流、湖泊、湿地为这里的草木生长提供了丰富的水源，植被茂密繁盛。

　　除山阴、谷内和林下外，甘南大部分地区日照充分，紫外线辐射强烈。在紫外线辐射的影响下，适应性植物的茎部会相对短粗，叶面缩小，毛茸发达，叶绿素会增加，颜色会比较鲜艳，所以甘南的花朵色彩更为艳丽，夏天的草甸草原格外美丽。由于春秋相连或夏季短暂，气温较低，昼夜温差大，甘南森林、草场上的植被根部较为发达，枝叶青里会带着淡淡的黄。湖中的水草也是如此，即使在盛夏，也会很快变换成秋的颜色，与甘南裸露的山体相互映衬，苍翠有力。

　　受第四纪以来喜马拉雅山构造运动的影响，在距今 70 000

U形谷

到 10 000 年前，在甘南一些地方的高山地区，大概在海拔 4200 米到 4300 米的位置，发育形成了古冰帽冰川。那里冰原白雪茫茫，冰晶玲珑剔透。冰川逐渐侵蚀石灰岩山体。随着气候变暖，冰川融化，古冰川地貌和喀斯特地貌景观便展现出来。比如，如人工雕琢般的 U 形谷，就是典型的古冰川地貌景观。这里浓缩了全球中低纬度石灰岩山岳古冰川地貌的精华，兼具古冰川地貌和喀斯特地貌双重景观，是名副其实的末次冰期古冰川地质公园，令人叹为观止。

甘南地势西北高，东南低。西北部的西倾山系、西南部的积石山系与南部的岷迭山系是构成境内地形地貌的主体构架。整体来看，处于边界地带的甘南，被分割成了不同的地貌景观：东部为丘陵山区，北部为高原山地，南部为高山峡谷，西部为高原山原区。北部的太子山、大勒加山、莲花山横贯东西，绵延百里，高耸入云的山顶白雪皑皑，景色壮观。南部的岷迭山区，群峰耸立，层峦叠嶂。因属长江水系，气候温和，白龙江两岸林木苍翠，奇峰争秀。西部是辽阔的草甸草原，坦荡广袤，草原上溪流淙淙，牧草丰美。中东部属洮河流域，为绵亘不绝的丘陵山区，沟谷纵横，植被茂密。

甘南拥有世界上最大的绿色峡谷群、亚洲最大的天然草原和中国最美的湿地。亚高山草甸草场 4084 万亩，80% 连片集中，是青藏高原和甘肃省天然草地中载畜能力最好、耐牧性最强的草场之一。南部岷迭山区，气候温和，是全国"六大绿色宝库"之一；东部丘陵山地，农牧兼营；西北、西南有广阔的草甸草原，是全国"五大牧区"之一。草原、花海、云雾、牧场、森林、湖水、湿地、山泉、溶洞、崖壁、石林、山峦、峡谷、雪峰、河流……
除海洋外的自然景观，这里应有尽有！

甘南朝暮为画，四季成诗。这里的自然之美，特色鲜明，别
有一番滋味，值得你驻足探寻，品味。

独特的"冻胀丘"地貌景观——美仁大草原

美仁大草原距离合作市约 30 千米，位于合作市东部佐盖多
玛乡合冶公路（合作市到临潭县冶力关镇）即 406 县道的南北
两侧。

在甘南众多草原中，美仁大草原特色鲜明。其海拔在 3600
米左右，平均冻土深度达 1.5 米，总面积约为 100 万亩。地势蜿
蜒起伏，与四周的群峰相连。远远望去，山峰顶端的积雪隐约可
见。景色开阔，壮观！

美仁大草原是亚洲最大的高山沼泽草甸式草原，具有青藏高
原特有的高山沼泽草甸草原地貌和典型的冻土地貌特征。最为独
特的是，草原上一个个大小均匀、排列整齐的浑圆状小草包连绵
不断，一望无垠，令人惊叹——还有这样的草原！没来美仁大草
原之前，可能大部分人都没见过这种草原。

美仁大草原这种高原沼化草原，是一种非常独特的草原类型，
又被称为"冻胀丘"地貌。究其成因，在地势低平、排水不畅的
低洼湿润的草原地区，是由剥蚀风化的岩土及上覆泥炭和草原纷
繁生长的那些生命力较强的植物，在冻土、风力、水流等的作用

下，不断发展、演化形成的。

　　由于日照时间长，雨水充足，美仁大草原也是耐高寒植物大观园。主要科目有莎草科、蒿草科、苔草科、荸荠科、乔本科、蔷薇科、菊科、蓼科、毛茛科等。花卉有 70 多种，每年 4 月到10 月依次盛开，几乎整个草场都是花的海洋。其中的红花绿绒

嵩为罂粟绿绒蒿科属下的一个品种，是我国的一个特有品种，也是国家二级重点保护野生植物。红花绿绒蒿在每个小草包上只长一株，凸显其珍贵的属性。

美仁大草原还盛产营养丰富的天然野生菌和山野菜，尤以美仁蘑菇和冬虫夏草闻名。生长在这里的牦牛以种纯、色正、毛长、

美仁大草原

高大、肥壮著称，素有"美仁牦牛壮如墙"之誉。

置身在美仁大草原，眼前绿色如茵，繁花锦簇，一群群牛羊悠然自得，与一朵朵白云相依相伴，徐徐的微风送来草原的芬芳，空气清新而宜人。伸展双臂，仰望天空，天地无比广阔。

在美仁大草原，白石头是游客们热衷的打卡景点之一。这块石头高约 6 米，呈锥形，占地约 50 平方米，上面挂满了经幡，旁边还有插箭台，当地人称之为"天外来石"，又叫佐盖多玛神石，是美仁草原的镇地之宝。据说摸一下这块石头，能保佑家族人畜平安，五谷丰登。神石附近散落着许多的"五色纸"，又名隆达，或叫风马。"隆达"是藏语音译，意译的话就是"风马"。"隆"是风，"达"是骏马。藏民们将护法神、佛塔、曼陀罗坛城、经文、六字真言、

白石头

符咒等印制在五色方形纸块之上，在垭口、山顶等地乘风放飞，表达着对上天、山神的敬意，也是向诸神祈求福运。

这里有 19 万年前的人类活动——甘加秘境

甘加秘境位于夏河县东北约 30 千米处的甘加草原，南镶千年古刹作海寺，北接达里加山，总面积达 131.23 平方千米。悠

甘加草原

白石崖寺

久的历史文化和独特的地质构造使其蕴藏了古城、寺庙、崖壁、草原、湖泊、石林、峡谷、史前溶洞、河流等多种历史人文和自然景观。主要景点有白石崖、白石崖溶洞、白石崖峡谷、八角古城、白石崖寺、作海寺、法螺顶、甘加草原等。

如果说夏河是甘南的门户的话，甘加秘境足可以称得上是夏河的门户。这里蕴涵了夏河太多的精彩故事。

甘加秘境有文字可考的历史可追溯至两千多年前。《白石县志》记载："公元前81年，汉昭帝下设白石县。""白石县"

甘加秘境

正位于如今的八角古城，是甘南的第一个县。在甘加秘境设县，足见这里地理位置的重要性。

甘加秘境自古就是"东进关中、西通卫藏、南达川康、北接青海"的咽喉要道，是茶马古道汉藏经济交流的要塞。后随着丝绸之路的兴盛，这里又一度成为汉藏贸易与文化交流的主要通道。"东到中原，西达印度"的南丝绸之路曾在达里加峡谷留下了当年驼队南来北往的足迹。如今这里也是甘南地区通往青海黄南州同仁市的必经之地。甘加秘境是多民族聚居地，汉族、藏族、回族、蒙古族、撒拉族等多个民族在历史的变迁中交往交流交融，形成了独特的甘加文化。

甘加秘境的核心景观，要数长达 15 千米的天然山脉屏风白石崖了。这块崖壁高耸入云，宛如神灵设下的屏障，将甘加草原垂直划分成两个落差近 1000 米的高山草原，这一景观即使在全世界都不多见。

白石崖溶洞位于白石崖山脚下，白石崖峡谷的入口处。白石崖峡谷两侧石峰嶙峋高耸，别有阵势，谷内溪水在石头的缝隙中欢快地流淌。白石崖溶洞的洞口距离地面 30 米，是我国现有探测记录中海拔最高的溶洞。目前，溶洞只开放了一小部分，供藏民朝拜。据说内部很深，尚不知具体深度，且在这里还发现了 19 万年前丹尼索瓦人古人类遗址，因此被誉为甘南最神秘的地方之一。甘加秘境名字的由来，与此相关。白石崖溶洞洞内石壁上有很多天然形成的图案，形似佛教中的人物和场景，如"十万佛堆""自现度母像""坐禅修行台""如意宝像"等。据当地人说，这些图案都是菩萨的化身，是神迹的体现。这些天然形成的图案，不仅彰显了大自然的神奇，也给人们带来了无尽的遐想，增添了白石崖溶洞的魅力。

白石崖下有一个村子叫白石崖村。村边有座寺庙叫白石崖寺。白石崖寺不大，但周边景色奇特，壮美。寺前草原绵延起伏，寺后悬崖高耸，如一道白玉屏风横亘在大地之上。这座寺庙为格鲁派寺庙，寺主为三位转世女活佛之一的贡日仓女活佛。白石崖寺的教权属拉卜楞寺管理，法台由拉卜楞寺派遣僧人担任。

作海寺又称泽秀寺，距离八角古城约 3 千米，坐落在风光优美的大象山，依山而建，坐北朝南，北面的靠山如大象般傲然而居。作海寺是一座藏族原始宗教苯教寺院。作海寺苯教又称雍仲苯教，是藏族文化的源泉之一，历史悠久，有许多故事流传至今。与其他佛教寺院显著区别的是，作海寺转经方向为逆时针方向，外墙饰有"卍"字符号。苯教在藏族群众的聚居地虽不占主导地位，但仍有一定的信徒。

八角古城以及白石崖寺、作海寺等藏传佛教古寺构成了甘加秘境的历史文化积淀。这里人杰地灵，藏传佛教格鲁派的创立者宗喀巴大师、拉卜楞寺奠基人一世嘉木样活佛、贡日仓女活佛、佛门奇僧更敦群培、十世班禅额尔德尼等高僧大德都曾在此钻研修行。莲花生大师、贡唐仓大师也曾在此传道修法。以白石崖寺为代表的黄教寺院与以作海寺为代表的苯教寺院在这里和睦相处，实属世界宗教史上的一段佳话。

在这片神秘的土地上，甘加人安居乐业，怡然自得，世代坚守、传承着心中不朽的信仰和追求，继续创造着属于自己、也属于未来的传奇和神话。

尔海湖

七仙女轻歌曼舞的地方——尕海湖

尕海湖是甘南第一大淡水湖，是青藏高原东部的一块重要湿地，藏语称为"姜托措钦"，意为"高寒湖"，距离县城40多千米，国道213线在此经过。尕海湖所在的地域，藏族群众称为"措宁"，就是牦牛走来走去的地方。

尕海湖湖面海拔3200米，水域面积近6平方千米，平均水深为1.5米，最深处约5米。湖的四周有大片的沼泽地。"多诗曲果"（意为岩缝清泉）等泉水和琼木旦曲、翁尼曲、多木且曲等溪流注入湖水，为尕海湖提供了源泉。湖水中的泥鳅、石花鱼等水生物和沼泽、草甸中生长的苔藓、蕨麻、梅花藻等植物，为鸟类提供了丰美的食物。每年春末夏初，成群的白天鹅、灰雁、斑头雁、灰鹤、棕头鸥、赤麻鸭、绿翅鸭、针尾鸭等近百种鸟类从南方飞来，在尕海湖安家，产卵，育雏，因此这里也是候鸟的天然乐园。

尕海湖

特别是国家一级保护动物黑颈鹤在这里栖息，繁殖，使这里成为国内黑颈鹤的重要繁殖地之一。

藏族群众对黑颈鹤十分喜爱，称之为"仙鹤""神鸟""吉祥鸟"。《格萨尔王传》中格萨尔王的王妃珠茉被巴扎那保国的霍尔王族黄帐王俘虏后向格萨尔王求救，便是由三只仙鹤送的信。"珠茉遣鹤送信"是唐卡画的题材之一。

1982年，尕海湖被评为省级候鸟自然保护区；1998年，与则岔石林一起被批准为国家级自然保护区。

尕海湖有一个美丽的传说。很久以前，这里是一片草原，七仙女在这里采花时，跌落了一颗翡翠，顿时化为碧波万顷的湖水。在当地人的心中，尕海湖就是"圣湖"，是"高原神湖"，不容受到任何污染，否则就要受到神灵的惩罚。

尕海湖四面环山，冰山积雪闪烁着一种耀眼的白光，增添了景区的神秘之感。天空蔚蓝如洗，朵朵白云在湖面上随风飘动，似下凡的仙女。尕海草原碧绿如茵，如一层厚厚的地毯，铺满大地。色彩缤纷的野花，婀娜多姿，装点着草原。镶嵌于草原之中的尕海湖像一面明净的镜子，倒映着蓝天、白云和山峰，湖中的水草呈现金黄、棕褐的色彩，体现高原湖泊特有的风貌。牦牛群在岸边悠闲地吃草，水鸟在沼泽中翩翩起舞。这一切，自然、纯净、优美、和谐。在这一尘不染的世界里，呼吸着清爽的空气，欣赏着大自然馈赠的美景，惬意、陶醉。

奇石耸立的自然画廊——则岔石林

则岔，藏语称为"则仓"，"则"意为"羚羊"，"仓"意为"家"，合在一起即为"羚羊之家"之意。这里曾是茂密的原始森林，有很多珍禽异兽，尤以被人们视为高原精灵和吉祥之物的羚羊居多，故得名"则仓"（则岔）。

则岔石林是国家 4A 级景区，位于碌曲县城南 52 千米处的拉仁关乡则岔村，景区全长 22 千米，面积达 200 平方千米以上，最高峰海拔 4300 米，是一处系造山运动上升，并经风雨、流水侵蚀而成的以硅灰岩地貌景观为主，集石林、草原、森林、湖泊

则岔石林

为一体的综合性景区。

　　则岔石林属岩溶（喀斯特）地带，大约 3 亿年前，在岩层节理尤其是垂直节理发育的地质条件下，经溶蚀作用，无数锥状、塔状或其他形状的相对独立的山峰（石峰、石柱、石笋）便逐渐形成。后期又经多次抬升，山峰大都被磨圆，越发奇特，独立。则岔石林中的石门、溶沟、漏斗等也是由于密集的垂直节理经碎裂分化和水流的溶蚀、冲刷不断扩大，日积月累后慢慢形成的。

　　走进则岔，如同走进了高原天然风光的大观园。这里有山、水、古树、森林、草原、峡谷、石林、崖壁、岩洞，各类景观相互衬托，相得益彰。首先映入眼帘的是热乌河（则岔河）谷，热乌河在沟

仙境则岔

则岔石林

内形成了十八道河湾，当地人称河谷为十八道湾。这里山形奇特，林木茂密，河水潺潺。再往前走，便为长近百米的石门一线天。石门很窄，两侧刀劈斧削般的崖壁巍然屹立，一夫当关，万夫莫开。石门内修有百米的木栈道，供游人出入，木栈道下面为潺潺流水。抬头仰视崖顶一线蓝天，确有惊心动魄之感。相传此"一线天"为格萨尔王一剑劈开，是进入石林的唯一通道。如今，石壁上还清晰地留有马蹄印痕，据说是由格萨尔王坐骑所为。则岔石林景区共有三道石门，"一线天"为头道石门，越往里则越险，风景也越奇，目前尚有人迹未到之处。进入石林景区，中心为一潭池水，瀑布飞流而下，四周奇峰怪石，千姿百态，争奇斗异，仿佛百兽集会，大自然的神奇令人叹为观止。继续前行，小路两侧壁立千仞，山峰拖着树木，树木掩映怪石，妙景天成，蔚为壮观。

各个景观神形兼备，惟妙惟肖。徜徉其中，让你情思飞扬，流连忘返。如是盛夏，在这里还可以欣赏层次鲜明的花朵，金黄的野蔷薇、粉白的甘肃杜鹃、蓝色的高山杜鹃争奇斗艳，相映成辉。除上述景观外，这里还有两个洞穴妙不可言。一个被当地居民称之为仙人洞，此洞纵横约 60 米，洞壁上有光怪陆离的各种图案、化石。另一处洞穴在一个巨大石壁下，据说曾有僧人在这里面壁坐禅。则岔石林也是碌曲著名的"高山动物园"，岩羊、麝、苏门羚、蓝马鸡、雉鸡、高原山鹑、野狐、狼、雪豹等国家级重点保护动物时常出没，会使你大饱眼福。

东方小瑞士——郎木寺

郎木寺听名字像一个寺院，实际上是一个小镇的地名。

有意思的是小镇内一条雀跃奔腾的仅两三米宽的小河将两个省份联系在一起，一边是甘肃，一边是四川。小镇也因此被分成了两个部分，一半在甘肃，一半在四川，由甘肃甘南碌曲县和四川阿坝若尔盖县共同管理。这条小河叫白龙江，名字大气，是嘉陵江的一条重要支流。

如果说云南迪庆藏族自治州是因英国作家詹姆斯·希尔顿创作的长篇小说《消失的地平线》而以"香格里拉"闻名于世的话，那么引发西方人探寻郎木寺热潮的，则是美国人罗伯特·彼·埃克瓦尔创作的《西藏的地平线》。所不同的是詹姆斯·希尔顿从来没有到过香格里拉，而罗伯特·彼·埃克瓦尔不仅在 20 世纪

40 年代到过郎木寺，还以基督教传教士的身份在盛行藏传佛教的郎木寺生活了十多年，直到 1957 年才离开。

郎木寺处在山、丘合围的一片狭长的河谷地带。东南面是如刀劈斧削般的红石崖，西南面是危峰兀立、静谧幽邃的纳摩大峡谷，西面是连绵起伏的山丘，北面则是岩石裸露、巍然矗立的高大山体。所以，关于郎木寺的地理环境有一个很形象的说法——"金盆养鱼"。金盆养鱼要有水，白龙江恰好就发源于纳摩大峡谷，源头为从崖边潺潺涌出的泉水。

郎木寺有两座寺庙，江北赛赤寺属碌曲县，江南格尔底寺属若尔盖县。赛赤寺又叫"安多达仓郎木赛赤寺"，由西藏甘丹寺第五十三任甘丹赛赤坚赞桑盖于 1748 年始建。赛赤为创建寺庙的活佛法号。格尔底寺又称"安多达仓郎木格尔底寺"，由宗喀巴大师的七大亲传弟子、第一世格尔底活佛根敦坚参于 1413 年始建。在寻找格尔底寺创建的位置时，宗喀巴大师曾对根敦坚参说，东方有一个月牙沟，有一个形状似皇冠的山崖，还有一潭绿松石般的小镜湖，寻找具有这些特征的地方去建寺修庙，弘扬格鲁派。

两座寺庙均属藏传佛教格鲁派，在藏族群众聚居区闻名遐迩。特别是格尔底寺，以供奉着第五世格尔底活佛的肉身著称。第五世活佛出生于 1681 年，于 1775 年圆寂，享年 94 岁。其肉身至今栩栩如生，令人叹为观止。两座寺庙规模宏大，僧人合计有1000 多人，占郎木寺镇常住人口的三分之一以上。

因为郎木寺的丹霞红石崖酷似欧洲中世纪的古堡，起伏的山脉又与阿尔卑斯山相似，所以郎木寺被人们誉为"东方小瑞士"。

这里位于四川、甘肃两省交界的枢纽地带，古时就有"南番中心"之称。213国道若尔盖段便修建在始于唐朝的茶马互市的古道上。茶叶是藏族群众的生活必需品，正所谓"一日无茶则滞""三日无茶则病"，"以其腥肉之物，非茶不消，青稞之热，非茶不解"。而中原地区则需要马匹。1047年，宋朝正式在四川设茶司，在甘南设马司，管理茶马贸易之事。"凡市马于四夷，率依茶易之"。这里曾是著名的茶马互市之地。随着贸易的发展，清朝同治年间很多甘肃和宁夏的回族商人到郎木寺经商，在此落户。信仰伊斯兰教的回族、东乡族、撒拉族等逐渐形成村落，于1943年修建清真寺。

郎木寺还有"甘南香巴拉"之美誉。"这块土地本身和它的整个地平线一样无与伦比。这里的天空确有它独特的趣味，远处，在地球和天空连接处，苍白阴暗的流雪勾画出地平线的轮廓。夏天，这里绿草如茵，草丛中点缀着彩色的斑斑点点，野罂粟花在

郎木寺

翩翩起舞。在地平线的远方，那儿是块无名地，惊奇便由此而生。"在埃克瓦尔的笔下，郎木寺就是一个"世外桃源、人间天堂"。他对这一东方秘境、人间净土自然和人文生动详细的描写，为世人了解郎木寺打开了一扇窗。

　　郎木寺最热闹的日子是正月，届时将举办默朗大法会和瞻佛节。默朗大法会即通常所说的传昭法会，寺院要举行盛大的展佛活动，僧人们要戴上面具跳神、演藏戏等。瞻佛节在每年的正月十三举行，大约上午九时，一幅约 33 米宽、120 米长的佛像将展现在成千上万的信众面前。

　　外地来的游客一般选择住在郎木寺镇里。镇里只有一条主街，街两侧有大大小小的客栈、酒吧和餐馆，还有出售工艺品和当地土特产的小店。餐饮的风格以藏式和清真为主，还有不少川菜馆。

　　同瑞士田园风光的地势特征相同，郎木寺周围山体高大挺拔，山脚下林木、草地郁郁葱葱，但郎木寺在雅静、闲适的自然风光中，也显露着自身的特点。郎木寺海拔近 3500 米，山体上半部多为裸露的岩石构成，突兀苍劲，山脚下的植被虽然在七八月份绿中也带着浅浅的秋意，枝叶粗壮，草木繁茂。实际上，郎木寺的一切都处在这样一个"和谐"的氛围里，有着对称的美。这里有两个寺庙，同时还有一个清真寺，寺庙的佛塔和清真寺的宣礼塔相距咫尺。每天寺庙早祷的钟声敲响的时候，也是清真寺晨礼呼唤"班克"声响起的时间。小镇上的人们用各自不同的方式表达着对生活的理解，对信仰的追求。这里既有梵音袅袅，也有晒大佛时欢快热闹的场景；既有小桥流水，也有垂直而上，傲然耸立，宛如一个屏风横亘在天地之间的红石崖。这里，云雾飘渺、青山翠谷与经幡舞动、风马飞扬交相辉映。这里有虔诚的信仰者，也有外国背包客；有古朴的藏式建筑，也有现代的咖啡屋、小酒吧。郎木寺，用平和淡然的性格诠释着这片土地的独特魅力。

飘落在草原上的哈达——天下黄河第一弯

天下黄河第一弯景区是玛曲的标志性景点，曾获评"亚洲大中华区十大自然原生态旅游区"，黄河首曲大草原为甘南十大王牌景点之一。

民间素来有"九曲黄河十八弯"之说。黄河由巴颜喀拉山发源后，自青藏高原向东南流去。进入玛曲后，沿着横亘在玛曲中部的阿尼玛卿山的南侧，即阿万仓草原的南端，继续向东南方向流动，在甘川交界处遇到来自四川北部高山的阻挡，于是掉头，

阿万仓湿地

玛曲黄河

阿万仓湿地

绕过阿尼玛卿山，形成了180°大转弯，在阿尼玛卿山北侧和西倾山南侧之间的谷地重新流回青海省。这一拐弯，让黄河从南、东、北三个方向将玛曲揽入怀中。黄河在甘肃省两进两出，在玛曲完成了在甘肃境内的第一次进出。这段黄河被称为黄河第一曲，玛曲也因此成为"黄河首曲"。

阿尼玛卿山因常年积雪，为黄河提供了丰富的水源。玛曲境内黄河支流众多，一级支流有28条，二级支流有300多条。玛曲湿地面积达560多万亩，大大小小的支流，像毛细血管一样分布在地表。这之下，则是厚达数十米，可以蓄水的泥炭层。玛曲湿地像蓄满水的海绵，将地上与地下的蓄水，补给了黄河，构成了黄河上游完整的水源体系，因此玛曲素有"中华水塔""地

天下黄河第一弯示意图

天下黄河第一弯

球之肾""天然蓄水池"等美誉。黄河从青海巴颜喀拉山流出时，还是一股涓涓细流，各个支流一路汇聚，为黄河赋予了巨大的能量，出玛曲时终成大河，气象一新！

四川阿坝州唐克乡也有九曲黄河第一弯景区，那是黄河在唐克乡与白河汇合后形成的壮美景观。玛曲天下黄河第一弯景区位于玛曲黄河大桥旁，距离县城约4千米。这座大桥1976年开始建设，1979年竣工通车，为钢筋混凝土拱桥，全长280米，宽7.5米，主跨3孔，跨径70米，最低桥下弦净高11.5米。尽管这座桥看起来不如黄河下游的一些大桥宏伟壮观，却是黄河上游在玛曲境内建的第一座桥，因此也被称为"黄河首曲第一桥"。

首曲第一桥这里形成了两处美妙绝伦的景观。一是拱桥托日。清晨日出时，站在大桥西侧，当太阳升到拱面时，恰似拱桥托起了红日，颇为壮观。二是长河落日。黄昏时分，站在桥上远望黄河之水，夕阳西下，恰似落入长河之中，颇为美妙。

大桥南岸不远处有著名的阿米欧拉神山，桥东4千米处有玛麦哲木道。相传，玛曲还是格萨尔王的故乡。在格萨尔发祥地——玛麦哲木道，可以感受到黄河之水天上来的壮丽景观。

黄河是中华民族的母亲河，中华民族对黄河有着特殊的情结。在一万多平方千米的玛曲草原上，雪山与黄河并存，湿地与湖泊辉映，阳刚与清柔复体。站在高处俯瞰黄河第一弯，落日的余晖遍洒广袤的草原，点点野花随风舞动，与远处微微发光的雪山遥相呼应。河水静静流淌，泛起粼粼波光，犹如被风吹起的哈达，不经意间散落在草原上，连同那一望无际的绿，延展向无尽的远方。水连着草，草连着山，山连着天，天水一线，确是黄河之水天上来！在这里，静静感受这幅山水画面，你的思绪也会飘向远方！你会越发地爱上这片土地，爱上伟大的母亲！

世界级风景线——洛克之路

从1922年起，美国植物学者约瑟夫·洛克曾6次到访中国，在滇、川、甘、青一带民族地区考察。1925年春天，站在四川边境的约瑟夫·洛克面前是两条路：一条去青海，另一条去甘南。根据爱丁堡皇家植物园仍保存着的洛克日记，他最终选择了后者。

洛克之路，又叫"江迭公路"，是国道248线的一段，全长约105千米，两端为卓尼县扎古录镇和迭部县扎尕那，因约瑟夫·洛克当年选择的从卓尼县扎古录镇前往迭部的科考路线而得名。游览这条线路，一般选择卓尼扎古录镇为起点。因自驾挑战性和一路上令人惊叹的景色而声名鹊起，洛克之路成为甘南自驾旅游的一条经典路线，有中国最美100千米之美誉。人们常说，到了甘南，不走一次洛克之路，就体会不到这里的绝世之美及人与自然的旷世情缘。

从空中看，洛克之路宛若飘落在山间的一根玉带，串起了卓尼和迭部丰富的地质和人文景观。

洛克之路可以拆分为两段。一段为扎古录镇到江车村的车巴沟段。这段路逆洮河支流车巴河而上，海拔高度从2700米上升至3000米。另一段为江车村到扎尕那的光盖山段。从江车村离开车巴河，翻越光盖山抵达扎尕那，两端海拔都在3000米左右，中间有两个 4000 米的垭口。如果说车巴沟段是以人文景观为主的话，那么光盖山段的精华则在于自然景观了。

在这条路上，你可以看到依山而建的百年藏寨尼巴村，云雾就在藏寨人家的院子里蒸腾。清澈的车巴河将村子一分为二，河对岸的房子，层层叠加，户户相连，依势而上，好像严阵以待的城堡。据说，尼巴村生活着许多百岁老人，最长寿的活到 114 岁，因此这里又被称为"长寿村"。你还可以看到金碧辉煌的贡巴寺。车巴河环绕着寺院，两岸山势将寺院揽入怀中，山顶早晚披着霞晕，将整个寺院映衬得庄严肃穆。你可以看到一座座玛尼堆，飘动的经幡，高耸的插箭台，这些都是藏传佛教的信仰符号，见证着这片土地的文化印记。

这条路上，蓝天白云，唯美自然。草甸上的野花，色彩饱满。草原上的牛羊，悠闲自在。山边的溪流，清澈得很想让人掬一捧入口。峡谷沟渠内，森林密布。而一路上洁净、通透的空气，会让你心旷神怡。

这条路上的每一个转弯，都会给你带来不一样的感觉。

让你难忘的，是行驶在挂壁公路时的紧张。望着陡峭的崖壁，你会听到怦怦的心跳声：

是云海奇观，山峰变成了云海中的岛屿，而你却成了驾驶航船的舵手。

是一山有四季、十里不同天的景观。刚刚还是晴空万里，一会儿却是大雨倾盆。山脚下还是绿草如茵，而海拔 4000 米的喀拉克垭口却是白雪纷飞。

是层峦叠嶂的山峰，一座接着一座，一直延展到天边。

洛克之路景观

深邃悠长的峡谷里面孕育着无人知晓的广袤森林，那里面究竟有什么？

是U形谷、鲸背岩等在其他地方很难看到的古冰川地貌和喀斯特地貌，让你深深感受到自然的神奇。

是高耸的山峰上白雪皑皑，绵延不断，在蓝天映衬下，洁白如练。古洮州八景之一的"迭山横雪"跃然眼前，磅礴而又旷美。

最让你震撼的，还是那一座座石头山，巍峨恢宏，就像一座座巨大的城堡，将你带入另一个世界。

当车子到达美丽的扎尕那之后，一路上的美景还在思绪中闪耀，而你却将又开启一段视觉之旅。

世之奇伟瑰丽之景观，常在于险远。洛克之路，美不胜收。

自驾洛克之路要小心谨慎。是否适宜通行，要以当地政府的通知为准。

迭山横雪

"我平生从未见过如此美丽的景色"——扎尕那

扎尕那位于迭部县西北的益哇乡,藏语意为"石匣子",距县城30多千米,是世界级古冰川遗址和国家级地质公园,是甘南景观的集大成者和典型代表,也是甘肃旅游的一张亮丽名片。

这里有冰川地貌、喀斯特地貌(岩溶地貌)、峰林地貌、峡谷地貌等地质地貌景观,有典型地质剖面、古生物化石、水体景观以及地震遗迹、崩塌遗迹、泥石流遗迹、滑坡遗迹等地质遗迹景观,有石门金锁、迭山横雪、纳加烟雨、林海雾凇、光盖山日出、云雾飘渺等气象景观。

在这里,山峰、绝壁、石门浑然天成,湖泊、泉水、溪流互映成趣,森林、草原、灌木相得益彰,田园、村寨、牧场错落有致,农业、林业、牧业相辅相成,共同构成一幅人与自然和谐共生的精美画卷。

　　每个神奇的地方，都有一个动人的故事。如果说迭部是山神用手指摁开的地方，那么扎尕那则是山神用手指摁出的人间仙境。连摁出这一切的山神涅甘达哇自己都被这美丽的自然景色所吸引，便决定在这里停留修行，所以说扎尕那是神仙居住的地方。

　　扎尕那四周群山环绕，山下为古朴藏寨和诗意田园。其最有名气的也是最令人震撼的，就是石头山。人们常说九寨看水，迭

部看山。扎尕那的山，像被人涂抹了颜色，又像是被人装点过似的。据考证，几万年前受喜马拉雅山构造运动的影响，在扎尕那海拔 4000 多米的位置发育形成了属末次冰期的古冰帽冰川。随着气候渐趋变暖和长期的风雨侵蚀，这里便逐渐形成古冰川地貌和喀斯特地貌。这种兼具古冰川地貌和喀斯特地貌的生态遗产，不仅在青藏高原，在世界范围内都极为少见。扎尕那更是浓缩了全球中低纬度石灰岩地区山岳古冰川地貌的精华。这里的山巅峨

扎尕那

恢宏，苍劲有力，不带粉饰，展现着令人敬畏的力量。有十几座山海拔超过 4000 米。受外力侵蚀的影响，有的山顶被分割成为一座座各自独立的山峰，如同山顶上的石林，争奇斗高。云雾在山腰间缥缈，装点着山峰。放眼望去，一座座尖耸的石头山就像童话世界里的一座座城堡，而整个扎尕那就像文学作品中所描写的梦幻世界或世外仙境。难怪约瑟夫·洛克深情地感叹：我平生从未见过如此美丽的景色。

扎尕那群山之内诸如石门、峡谷、溪流、瀑布、溶洞、湖泊等景观众多，还有种类繁多的动植物资源。约瑟夫·洛克多年前来到扎尕那的一个重要原因，就是受人之托，寻找能够耐得住美国马萨诸塞州严寒气候的植物种子。扎尕那无疑是采集耐寒植物种子的理想之地。他在给哈佛大学阿诺德植物园负责人萨金特教授的信中写道："迄今为止，迭部是整个西北地区植物资源最好的地方，针叶林资源独一无二，有大量稀有桧属植物的种子。云南虽多高山植物，针叶林却不丰富。在这里常常有七种不同类型的针叶树树丛，从远处就可辨认出来，这种情形前所未见。"

扎尕那垂直海拔高低落差较大，这里农、林、牧空间分布特点较为明显。海拔 4200 米以上气候寒冷，降水稀少，山壁陡峭，稀疏生长着水母雪莲、红景天等名贵中药材。海拔 3600 ~ 4200 米分布着高寒灌林和高山草甸草原，是优质的天然牧场和冬虫夏草的采挖基地。海拔 2600 ~ 3600 米是林牧耦合区，原始森林碧波万顷，生物类群种类繁多，可在这里养殖蕨麻猪、丛林鸡，采撷山珍野菜。海拔 2600 米以下是农业区，土壤肥沃，是青稞、蚕豆等农作物的种植区域。历经沧海桑田，农耕、林业、游牧等多元地域文化在这里交融汇聚。

　　山脚谷地，有由森林、灌木、草原、湖泊构成的田园风光和由四村一寺构成的古朴藏寨。四周高大的石头山反衬出山脚谷地的幽深与宁静。四村一寺自上而下分别为代巴村、达日村、业日村、东哇村和拉桑寺。"山上层层桃李花，云间烟火是人家"。藏寨内和藏寨周边，经幡、青稞架杆、玛尼堆、水磨坊、菩提塔、插箭台、踏板房等，体现着藏族文化的独特魅力，为扎尕那注入了源远流长的人文底蕴。这里的人们日出而作、日落而息，放牧、耕作、樵采，在这片诗意田园中过着悠闲自在的生活，由此形成了这里独特的人文和自然景观。至今仍保留的"二牛抬杠"的耕作方式，深受广大游客的青睐和向往。

　　日出时，石头山云雾缭绕；日落时，夕阳的余晖洒在石头山之间。每到这时，扎尕那好似蒙上了一层神秘的面纱，展示着秘境特有的魅力。这时的扎尕那反倒是最为真实的扎尕那！

　　如果要用世外桃源形容扎尕那的话，那扎尕那一定是世外桃源的这一个。实际上，这里就是人们一直寻梦的香格里拉，甘南的香格里拉。

　　第 25 届联合国世界旅游组织全体大会公布了 2023 年"最佳旅游乡村"名单，中国甘肃扎尕那村入选。

生态大观园——冶力关风景区

　　冶力关风景区（旅游区）位于临潭县东北部，地处青藏高原

和黄土高原的过渡带，距离合作市 90 千米，景区面积约 300 平
方千米，是青藏高原东北边缘、秦岭褶皱带上集高山湖泊、丹霞
地貌、原始森林、亚高山草甸、梯田花海于一体，原生态自然景
观与人文景观交相辉映的复合型生态旅游区，由冶力关镇、天池
冶海、赤壁幽谷、冶力关国家森林公园、亲昵沟、冶木峡、中国
第一卧佛、小麦积等众多景点构成，曾先后荣获"甘肃省十大旅
游目的地""中国西部十大旅游景区""中国最佳文化生态旅游
目的地"等称号，有"山水冶力关·生态大观园"和"青藏之窗·甘

赤壁幽谷（一）

赤壁幽谷（二）

白石山

南之眼"之美誉。

　　冶力关在东晋南北朝时期是吐谷浑之孙冶利部落的领地。冶利之兄冶延即位后，封冶利为搏虏将军。冶利部落驻扎在冶力关白石山一带，后逐渐定居于此，最盛时有冶利七部。明洪武初年，沐英率部收复了洮州，随即在河州卫、洮州卫、岷州卫设立榷场，以茶易马。鉴于冶力关在当时是"唐蕃古道""茶马古道"上的重要驿站和内地进入西藏的重要门户，地理位置十分重要，这里便被设立为茶马交易的关隘，冶力关关街一带逐渐被官军和商人开辟为集市。冶力关的名字便由此而来。据史书记载，唐代时吐蕃人便在这片开阔地带修建了新城堡。明初洪武十二年（1379），西平侯沐英取洮州后，围绕洮州府所在地新城构筑或重修了一批城堡，其中包括新城堡。新城堡地理位置十分重要。如果新城堡不保，洮州府所在地新城将无险可守。作为一处历史遗迹，新城堡，也就是当地人口中的"堡子"，见证着冶力关镇曾经的繁盛。

冶力关镇位于冶木河畔，堪称"甘南小江南"。这里不仅有壮美的自然风光，还有灿烂的民俗文化。每年农历五六月份来到这里，可以看到"花儿会"和"赛马会"的盛况。被称为"拱卫洮州第一堡"的新城堡便位于冶力关镇。冶木河出西峡之后便豁然开阔起来，群峰向四周退去，在进入东峡之前留下一片开阔地带。

天池冶海位于白石山和庙花山之间，是山体滑坡后形成的堰塞湖，藏语为"阿玛周措"，意为"母亲圣湖"。池面海拔2610米，池水南北走向，长约3.5千米，宽几十米至上百米不等，水域面积1.2平方千米。池水南面是一道坝型山体，人称石门槛。水源来自北面的石门河以及石门河的支流马槽河、香水河和池底的泉水。水位大旱不减，大涝不溢，十分奇特。池水碧波荡漾，澄澈如镜。水中生长着国家二级野生保护动物娃娃鱼。池畔山头修有一座常爷庙，供有明朝开国大将军常遇春的塑像，当地群众视若保护神。每到冬季，池水结冰，冰面上呈现不同的图案，形象逼真，令人称奇，为"洮州八景"之一的"冶海冰图"。因所处海拔高，这一高山淡水湖泊便被称为天池。

　　赤壁幽谷也叫赤壁峡，全长约 20 千米，目前只开发了约 2 千米。整个峡谷从东向西延伸，然后折向北，尾部一直延伸到白石山中。白石山是冶力关境内的第一高峰，主峰海拔 3926 米。赤壁幽谷属典型的丹霞地貌景观：顶平、身陡、麓缓、形奇、赤壁丹崖。顶平，即崖壁上面地势较为平坦；身陡指的是崖壁陡峭，直上直下；麓缓指崖壁的下面坡度比较缓和；形奇说的是崖壁造型奇特；赤壁丹崖，即峡谷两侧悬崖峭壁全是褚红色的砂砾岩体。赤壁幽谷还有两多：一是泉水多，号称"清浊 72"，也就是有 72 眼泉水；二是岩洞多，有名的岩洞就有 18 个。幽谷内一片红色，突兀耸峙的奇峰石笋形态各异，谷底林木葱郁，水流叮咚，景色宜人。

　　冶力关国家森林公园海拔 1800 ～ 3600 米，总面积达 794.2 平方千米，包含的地域范围很广，以森林、飞瀑等景观为主。冶力关国家森林公园景区指的就是香子沟—黄捻子风景区。游览冶力关国家森林公园景区可以沿着香子沟恋溪栈道、黄捻子原始森

天池冶海

林栈道等步行。一路灌林密布，浓荫匝地，清溪潆洄，蝉声起伏。路上时常可以看到林麝，当地人称之为"香子"。香子沟便因香子而得名。

亲昵沟景区又称"中国第一阴阳石景区"，以丹霞地貌景观为主。在一处叫爱情桥的景点向前望去，眼前是一座直径约20米、高约50米的赤壁峰柱，叫阳元石，与紧邻的一座有天然石洞的阴元石相依相偎，在天地间形成了阴阳和谐之美。自然形态，妙趣无比。正是这阴阳和谐才使得人类世代繁衍，生生不息。阴阳石景观有"世界奇观、天下第一"的美称。除阴阳石外，这里还有极富诗意的情人谷等景点，也颇有特点，值得一览。

冶木河发源于合作市扎尕梁的山脚下，由多条小河汇聚而成。由于河水很大，冶力关这里又没有公路，砍伐的木材只能通过水路运出，所以这条河又被称为"野木河"，后改为"冶木河"。冶木峡以冶力关镇为界，分为东峡和西峡。东峡位于冶木河下游，又被称为下峡，长约9千米，水流湍急，浪花飞溅。喜泉飞瀑位

亲昵沟阴阳石

于东峡，宽 6 米，属泉水瀑布。西峡位于冶木河上游，又称上峡。从冶力关镇西行 8 千米，分路口左行进入香子沟—黄捻子风景区，右行则进入西峡。西峡归卓尼管辖，但从冶力关镇旅游较为方便，从分路口到康多沟口旅游线长约 14 千米，沟深谷窄，奇峰林立，峭岩上虬枝倒挂，葛藤缠绕。有姊妹峰、通天桥等景观。

冶力关卧佛完全是大自然鬼斧神工的产物，没有任何人工雕饰。卧佛仰卧，东西走向，头西足东，长约 5 千米，相对高度近 400 米，足腿、胸腹、面目轮廓清晰，眉毛、胡须一一可辨，姿态舒展魁梧，面容神态安详，尤其是在晨曦霞光、夕阳月色中更

冶力关国家 4A 级旅游景区

为逼真。如此巨大的卧佛，值得"中国第一卧佛"的美称。

　　小麦积在中国第一卧佛斜对面，因其山形酷似天水市的麦积山，故称其为小麦积。小麦积山岩呈红色，陡峭崖壁经风雨侵蚀，呈现出各种自然形态。在小麦积侧面，有两块平地，一前一后，如同一进两院的大天井，四周悬崖峭壁。上面有一个院子，有一石柱高约 23 米，因其根部向外突出，看上去摇摇欲倾。天井中还有许多奇石嶙峋而立，仿佛人造的假山。黄昏，夕阳照在红色的岩石上，使麦积山显得更加秀美壮观，因此，小麦积有"麦积晚照"之美誉。

洮州花儿的发祥地——莲花山风景旅游区

莲花山国家级自然保护区地处临夏回族自治州、甘南藏族自治州、定西市的临潭、卓尼、康乐、渭源、临洮五县交界处。莲花山国家森林公园即莲花山风景旅游区，位于莲花山国家级自然保护区实验区内，是陇上有名的风景旅游区。

莲花山风景旅游区历史久远，民俗独特，历史传说、人文古迹俯拾皆是，是我国鲜有的儒释道三教合一的圣地。景区中心莲花山古时有"西崆峒"之称。据《康乐县志》《临潭县志》载，古中华之崆峒有五：中崆峒在苏州，西崆峒在临洮，北崆峒在平凉，东崆峒在临汝，南崆峒在虔州。莲花山为古中华五崆峒之一，因广成子在此修道成仙而声名远扬。莲花生大师来过此地，所以藏族群众又称之为"白玛山"，意即"莲花山"。

在洮河与冶木河曲水回环之地，远远望去，一朵大地之莲浴水而生，直冲云霄，"欲与天公试比高"。莲花山主峰地区由9座山峰组成，分别是玉皇顶、北天门、金顶（九顶峰）、白莺峰、张仙峰、财神峰、文昌峰、魁星峰、王母峰，有莲花山八景之一"九峰竞秀"之说。主峰玉皇顶海拔3578米，由裸露的石灰岩构成，在群峰中傲然独立。玉皇顶上建有玉皇阁，仙姿自放。莲花山峰体南北宽约1千米，东西长约2千米。峰体之上，尖峰耸立，形似莲瓣，中部峰顶平而圆，状如莲蕊，整个峰体酷似九瓣莲花，因此被称为莲花山。"莲峰耸秀"被列为洮州八景之第一景。

莲花山自然风光雄伟绮丽，同时又是佛、道胜地，有许多佛、道建筑，移步皆景，令人感叹。其登山路途之长，台阶之多，山

莲花山（一）

道之陡，景观之多，在国内名山之中并不多见。似乎登莲花山，就是在登天。拾级而上，"步步高升"，天空，仰之弥高，大地，俯之弥深。行走在其间的山林之中，松风飒飒，空气清新。沿途古树怪石、山崖峭壁、红墙青瓦、亭台楼阁相映成趣。从金顶到玉皇顶，云雾在脚下缭绕，如梦如幻。上山下山会经过大佛殿、头天门、二天门、三天门、四天门、紫霄宫、转阁楼、东方顶、娘娘殿、舍身崖、祖师殿、吴家庵、神仙洞、老君殿、观音殿、太白殿、夹人巷、金顶、九顶、龙宫殿、白音阁、打儿窝、望夫石、玉皇阁、水帘洞、药水泉、鹞子翻身蛇倒退、回心崖、回心

莲花山（二）

石、灵宫殿、拴虎松、莲花宝殿等120多处景点。站在玉皇阁上，极目四望，山下群峰争势，万山锁抱，白云飞流，轻纱飘游，一时恍若仙境，有种身在九霄的神仙之感，令人驰思遐想。在莲峰之巅，不就是在云端吗！你在揽山水入怀，而我却在看人间烟火，有意思！

玉皇阁日出是莲花山最美的一道风景。日出之前，天边露晓，云雾弥漫，山形若隐若现。之后天边泛出霞光，云雾在霞光中升腾、翻滚。霞光逐渐扩散，云雾变成七彩云霞。只见一轮朝阳冉冉升起，天空变成了金红一片，犹如童话世界。云雾渐渐消散在山峰、林海之中。

莲花山还是洮州"花儿"的发祥地。关于莲花山的"花儿"盛会，当地有一个美丽的传说。相传很久以前，这里的冶木河恶蟒出没，残害百姓。昆仑山上的金花娘娘赴王母娘娘的蟠桃盛会路过这里，将一朵莲花化为一座大山，把恶蟒压在大山之下，为民除此祸害。这座大山就是现在的莲花山。当地民众为报金花娘娘的恩德，在莲花山上修建庙宇。农历六月初六庙宇竣工，要举行落成仪式，因当地民族众多，仪式上究竟举办什么样的活动，众说纷纭。正在人们拿不定主意之时，一位仙女和一位青年的对歌声音传来，人们顿时被歌声吸引，侧耳聆听。仙女和青年踏云而去。就在仙女和青年身影消失的一瞬间，整个莲花山顿时响起了"花儿"的声音，歌声如潮，响彻云霄。

每年农历六月初一至初六，都要在莲花山举办传统的浪山"花儿会"。这期间，整个莲花山人流如潮，歌声似海，"花儿"此起彼伏，昼夜不息。其规模之大，场面之盛，令人久久难忘。

大山里的人间天堂——大峪沟风景区

大峪沟风景区位于卓尼县木耳乡大峪沟，距离县城约30千米，总面积约1052平方千米。景区内有天然湖泊、奇峰异石、原始森林、低山草场等自然风光，还有藏传佛教寺院旗布寺等人文景观，旅游资源相对集中，是理想的避暑、疗养、观光圣地。

大峪沟共有九条支沟，呈扇形分布在大峪沟东南，分别为云江峡、旗布沟、桑布沟、阿角小沟、阿角大沟、燕麦沟、扎崖它沟、巴什沟和涅座沟。其中，支沟中还有支沟，大沟中还有小沟。景区迭山主峰措美峰（扎伊克嘎）海拔4920米，沟口海拔2500米，相对高差达2420米，因此景区内生物垂直分布差异大，有

144

"一山有四季，十里不同天"之说。迭山雪线以上为裸岩，众多高耸如云的山峰顶端白雪皑皑，雪线以下却绿意盎然，对比感十分强烈。山峰雪线以下背阴处生长着茂密的原始针叶林、针阔混交林，在阳面的平缓开阔地带和河谷生长着草甸、灌木。景区有"南有九寨沟，北有大峪沟""九色甘南香巴拉，五彩卓尼大峪沟"等美誉。

大峪沟曾是古洮州和叠州之间的古道所在地，后来道路在其他地方修通后，这里就成了人迹罕至的自然地带，自然风光不断蕴育并被保护下来。

大峪沟山势雄伟，气度非凡，数百座裸露的石峰耸立在层层叠叠的群山之巅，山顶是长年不化的冰雪，山间是缠绵缭绕的云

大峪沟卓玛拉措湖

雾，延绵数里。山峰之间河谷狭窄，形成多处石门、石峡。河谷内奇石林立，怪石嶙峋，千姿百态。各种裂隙泉、喷泉、间歇泉、温泉数不胜数。它们喷涌于峭壁之上，峡谷之中，跌跌撞撞，奔流向前。有的飞泉流瀑从海拔 4000 米左右的悬崖峭壁上直落谷底，有的形成了八九级飞瀑，有的如珠帘悬挂，滴水穿石，飞溅的水珠在阳光下闪烁着七彩光芒。

大峪河是大峪沟景区内的主要河流，发源于迭山北坡库伦坡，由南向北流淌，在多坝汇入洮河，流程 81 千米，贯穿景区全境。大峪沟泉流纵横，汇集成四季丰沛的大峪河。河流曲折有致，处处可见鱼翔浅底。泉水、溪流和丰沛的降雨也为大峪沟湖泊众多提供了形成条件。这里的森林浩瀚无垠。沟内除海拔 3600 米以上的裸岩外，其余均被林木覆盖，甚至是崖壁的缝隙中都有顽强的树木生长。这里的林木，连同灌丛、草地，在不同的季节，焕发出不同的颜色，将这片土地打扮得分外漂亮。

大峪沟景区不仅有引人入胜的美景，还有丰富的动植物资源。其中，天然乔木、灌木如冷杉、云杉、松柏等有 100 多种，药类植物有 140 多种，国家一级保护动物有黑鹳、金钱豹、雪豹、苏门羚、梅花鹿等，二、三类保护动物有 20 余种，羊肚菌、黑木耳等山珍海味遍布沟谷密林。大峪沟无愧为一座原始生态园。

目前大峪沟的九条支沟只开发了两条，即旗布沟和阿角大沟。旗布沟和阿角大沟是风光较为集中的两条支沟，呈 V 形分布，左边为阿角大沟，右边为旗布沟。

旗布沟主要有一线天、三角石、旗布林卡等景观。一线天景观因两壁夹峙，左右两边的岩体像被利斧劈开一样而得名。两壁

大峪沟风景区

最近的地方不足 1 米。一股泉水从一侧崖壁的上端流出，形成了飞流而下的瀑布，水花四溅，水雾缥缈，颇为壮观。三角石由三块石峰相连而成，在林海中傲然独立。从不同的位置观看，三角石呈现出不同的形态。当置身于林间的观景台时，它像一只雄鸡引颈长鸣，故称"雄鸡报晓"。绕石而过，三角石竟幻化成一对相依相偎的姊妹，因此又有"姊妹峰"之称。旗布林卡是坐落于林间台地上的一处休闲之所，四周青山环绕，其中为碧水妖娆的卓玛拉措湖。一条长约 1.7 千米的栈道，将它与上面的扎西拉措和格桑拉措两个湖泊连在一起，颇有情致，让人流连忘返。

阿角大沟全长 18 千米，这里山有多高，水就有多长。央宗玉措湖是镶嵌在群峰脚下的一颗璀璨明珠，湖水的颜色如碧玉一般晶莹剔透，煞是惹人爱怜。平静的湖水犹如一面巨大的镜子，倒映着奇石雄峰、玉树银花。湖边是一片草地，有帐篷和经幡以及悠闲吃草的马儿装点，空中回荡着悠扬婉转的牧歌，充满着悠闲的情调。阿角大沟的五道石门，像盲盒一样层层开启，造型各异。其中一个石门，远远望去，两侧的石壁就像一对猿猴，深情地对望。两壁之间的溪水如高坝流珠，飞花溅玉，翻滚而去，这个景点叫作石猿临溪。这对石猿，用这种永恒的姿势，对彼此许下了多少令人遐想的诺言，诠释着令人向往的"爱情天长地久"！林海仙境景点，分布着珍稀的云杉、紫果云杉、冷杉等树种，是一处天然氧吧。月亮门景观由夹持的峡谷和湍急的河流所构成。左右石崖像一对含情脉脉的青年男女在这里"花前月下"。月亮门下流水成瀑，门后的达娃湖，像一块无暇的翡翠一般，闪耀着美丽的光芒。

大峪沟的美景让人惊叹。当我们从一线天起步，沿着全长3千米的云梯栈道，于气喘吁吁中登上迭山横雪观景台，感受处于万山之巅的美妙时，顿生胸有丘壑，心有繁花之感。努力就有回报。累点，值了！

魅力原野——拉尕山

拉尕山位于舟曲县立节镇东南部的白龙江南岸，距离县城30多千米，景区入口位于345国道旁，全景区面积约26平方千米，主要景区面积约8平方千米，海拔2800～2900米。拉尕山在藏语中的意思是"神仙钟爱的地方"。传说中，格萨尔王在东征时曾在此地降妖除魔，而他的骏马则化作了拉尕山。

驶入景区，沿主干道上行，依次经过石峡瀑布、拉沟村、达娃湖、拉尕山寨和香巴寺、扎西牧场、神羊径、佐瑞山庄。如果从拉沟村附近的小路往右拐，可以前往拉尕天池。

能够被评为国家 4A 级旅游景区，入围"神奇西北 100 景"榜单，拉尕山的景色自然有其独特的一面。景区由溪流、瀑布、湖泊、草地、森林、奇峰等自然景观和村寨、寺院等人文景观构成。

达娃湖位于景区入口约 10 千米处，共有两处湖泊，每处约9000 平方米。湖泊两侧山峰高耸，林木茂密。相传格萨尔王到这里时，这里还是干旱之地，百姓用水困难，生活困苦。于是格

拉尕山桦树坪

萨尔王就在马背上祈祷。他的坐骑长
啸一声，滴下了两滴晶莹的泪水。格
萨尔王离去后，在其坐骑落泪的地方，
慢慢出现了两处湖泊。这便是达娃湖
的来历传说。

　　在景区的中部地带和景区的最高
处有两块高山台地草场，中部地带的
草场即扎西牧场所在地，最高处的草
场即佐瑞草场。草场上遍布着各种野
花，五彩缤纷，在轻风中摇曳，四周
是松林、桦树，这种高山草场与森林
搭配的自然景观，犹如中欧奥地利等
国的原野风光，极有特点。草场上随
处可见吃草的牛羊，那种悠闲的劲头，
仿佛在告诉人们，它们才是这里的主
人。在草场上散步，或坐在草场上，
看蓝天白云，群山环抱，赏野花摇曳，
彩蝶飞舞，享受大自然的美好，体验
出离世外的安宁，此刻，你会无比
惬意。

　　拉尕山寨是一个美丽的藏族村
寨，有 60 多户，古老而宁静。整个
村子依山而建，层层叠叠，错落有致。
在这里生活着的人们，也一直传承着

拉尕神湖

古老的耕作和生活方式。村子里有很多榻板房，妇女仍然保留着传统的习俗和着装。当地人信奉藏传佛教，村中有寺庙香巴寺，山寨和寺院附近还有白塔和转经亭，能够看到藏传佛教在这里的影响。

拉尕山最有名的景观，当属站在佐瑞山庄的观景台上看万峰竞冠。万峰竞冠是甘南最典型的景观之一，这与甘南独特的地形地貌特征密不可分，而拉尕山的万峰竞冠更具代表性。这里的山更高，更奇，更雄，更密。岷山山脉裸露着的雄浑壮阔、高耸入云的山峰在这里尽收眼底。密集的山峰从近及远一层连着一层，一层高过一层，像是排列有序、列队出征的勇士，给人带来强烈的视觉上的冲击。山峰顶部积雪覆盖、云雾缭绕，整个景观气势

拉尕山

非凡。甘南的山体之美在拉尕山一览无余。

　　这里还有一个美丽的传说。隋唐时期，白龙江流域为吐蕃属地，而一山之隔的岷州则归唐朝管辖。两方时常发生战斗。为永结安宁，双方决定以联姻的方式媾和。岷州府衙大户提出要娶白龙江畔一方头人黄土司的女儿佐瑞为儿媳。出嫁那天，左邻右舍纷纷来为佐瑞姑娘送行。姑娘们手拉手边唱边跳。佐瑞姑娘唱道："我从此就要孤独地在岷州城里生活！"大家随即对接："你在岷州城里不快活，我们就等着你归来。"这一唱一和，正是这片土地各族人民交往交流交融的历史见证。

　　目前拉尕山处在免费开放状态，不收门票。从入口到各景点距离较远，游览景区需开车前往。

CHAPTER 04

甘南的历史遗迹

临潭红堡子古村落

谈及甘南的人类活动，自然要提及白石崖溶洞。

白石崖溶洞位于白石崖山脚下。兰州大学环境考古团队在此进行长达 10 年的考古调查发掘，出土了丰富的石制品和动物骨骼遗存。其中，披毛犀的发现进一步印证了白石崖溶洞遗址的古老性。一般认为，披毛犀是冰河时代的动物，因全身披满厚长而浓密的绒毛得名，在距今 1 万年前已灭绝。科考人员根据对在白石崖溶洞发现的古人类下颌骨化石的鉴定推断，早在 19 万年前，古人类就在甘南这片土地上繁衍生息了。

这之后仰韶文化、马家窑文化、齐家文化、寺洼文化等曾在此驻足。寺洼文化的存续年代大致介于公元前 1400 年至公元前 700 年之间，相当于商代中期到春秋初期。其主人便是属于"西戎"系统的氐羌。

甘南地处地理范畴中的边界地带或边缘地带。一方面甘南处在我国地势一二级阶梯，即青藏高原与黄土高原、秦岭的东西分界线上，另一方面甘南又处在由昆仑山、秦岭构成的南北分界线上。昆仑山的东段阿尼玛卿山延伸至玛曲县，秦岭的西端迭山延伸至卓尼和迭部之间。有意思的是，甘南又是长江水系和黄河水系的分界线，境内大部分水系属黄河水系，也有部分水系属长江水系。一边是白龙江向东南奔腾，汇入嘉陵江，另一边是大夏河、洮河向北流淌，汇入黄河。所以，甘南的地理位置十分重要，是中原通往青藏高原的交通要道，被誉为"汉藏金桥"，是兵家必争之地，文化交融之地，商贸汇聚之地，古道途经之地，众多精彩的故事在这里上演。

古时甘南的羌部逐渐建立自己的部落联盟或依附中原王朝，

各民族间的交流便逐渐频繁起来。羌人被中原古文献称之为"西戎"。秦时，甘南部分地方已属陇西郡临洮管辖。西汉时，东部属陇西郡、北部属金城郡，设白石、羌道两县。隋时的临洮郡、枹罕郡、宕昌郡分别管辖今甘南的西北和东南部部分地区。唐朝初年废郡置州，甘南境内曾为洮州、芳州、迭州的全部和河州、宕州的部分，西北部属吐谷浑、吐蕃的范围。元代属宣政院管辖，吐蕃等处宣慰司统领。明代属陕西都司管辖。清乾隆时，州境大部属巩昌府，夏河由循化抚番厅管辖。至晚从秦时开始中央政权就把甘南纳入自己的治理范围。

盛唐时期著名边塞诗人王昌龄写有《从军行》七首，其中第五首有诗句"大漠风尘日色昏，红旗半卷出辕门。前军夜战洮河北，已报生擒吐谷浑。"这里的洮河北，指的就是甘南洮河以北的地方。诗中所描写的，就是唐廷诏以李靖为西海道行军大总管，节度诸军，并突厥、契丹之众西征，在青海、甘肃一带，击溃吐谷浑主力的那段历史。

吐谷浑原为人名，后用于部落的名称。临潭古城乡古城村北有一座古城遗址，叫"牛头城"，是吐谷浑于北魏孝文帝元宏太和十五年（491）修筑的。牛头城依山构筑，地形险要，为古洮州西北门户。整座城分为前城和后城。因城郭为倒梯形，前低后高，上宽下窄，形似牛头，故称"牛头城"。城内发现大型宫殿建筑遗址三处，却未发现一处居民住宅。这和史书中所说的吐谷浑有城郭而不居住，以穹庐为室，逐水草牧畜的情形是一致的。随着吐谷浑的到来，佛教文化开始在甘南传播。

羊巴古城是甘南众多古城之一，又称阳巴、阳坝古城，位于甘肃省卓尼县卡车乡阳巴村。古城跨岗连山，凭河临险。有一种观点认为羊巴古城就是唐石堡城，唐天宝八年（749），陇右节度使哥舒翰指挥的与吐蕃之间的石堡城战役即发生于此。关于石堡城，传统观点认为在青海日月山，但就《新唐书》介绍的地貌、唐蕃关系的政治形势、军事地理、出土文物、实地勘察而论，有的学者认为石堡城应在卓尼县境内，而不应在日月山。

北宋端拱二年（989），宋太宗任命王汉中领洮州观察使。这时期，吐蕃赞普之后裔东吐蕃唃厮啰迁居河州—公城（又称移公城，今夏河县甘加乡八角古城），被僧人李立遵、首领温逋奇劫持到廓州，后摆脱此二人控制亲政，实行"连宋抗夏"政策。北宋政府封唃厮啰为保顺军节度使兼邈川大首领。唃厮啰在保持吐蕃传统的同时，建造宫室，设置官制，发展农业生产，接受了中原汉族文化，成为甘、青地区藏族中的英雄人物。现在甘南夏河甘加乡的斯柔古城和卡尔雍仲城（八角古城）遗址，就是那个时代的城堡。

朱元璋统一全国后，在洮、岷等边防重镇设立军政一体的卫、所机构。明太祖洪武四年（1371），置洮州军民千户所，洪武十二年（1379）升所为卫。洮州卫城就是在洪武十二年（1379）明朝平定洮州番酋叛乱后，由西平侯沐英在原洪和城的基础上重新修建的。洮州原来战事不断，生活在这里的各族人民饱受战争的苦难。明初回归统一后，边地安宁，黎民百姓才逐渐过上稳定的生活。

在中央王朝的治理下，甘南各族人民同四面八方往来于古道上的人们一起，开发这片亘古荒原，在甘南的历史上留下了深深的历史印记，抒写了传奇与辉煌。

文化荟萃的见证——磨沟遗址

磨沟遗址是 2008 年中国十大考古新发现之一。该遗址被发掘的原因是当地下暴雨时老乡们在田埂坍塌处偶然发现被洪水冲刷暴露在外的人骨和陶罐。当地人没有想到的是，他们世代生活、耕种的土地竟是几千年前古人祭祀祖先、埋葬家人的神圣之地。

磨沟遗址位于临潭王旗乡（原陈旗乡）磨沟村西北的呈马蹄形的山间台地，属青藏高原向黄土高原过渡的低山丘陵地带，北临洮河，东接磨沟河，东、南、西三面环山，东西长约 1000 米，南北宽约 400 米，面积约 40 万平方米。遗迹包括灰坑、陶窑和墓地。灰坑、陶窑集中分布在发掘区的东南角和西南角，中部零散分布。墓地位于磨沟遗址中部。

2008 ~ 2012 年，甘肃省文物考古研究所联合西北大学文化遗产研究院对磨沟遗址进行了发掘。其中，发掘东、西侧马家窑和仰韶遗址面积约 1500 平方米，中部齐家文化墓葬区面积约 10 000 平方米，出土了陶器、石器、骨器、铜器、金器、铁器等不同质地随葬器物上万件，获取了大量珍贵的考古学资料。发掘结果显示，磨沟遗址是新石器时代至商时期的古遗址，汇聚了仰韶中晚期文化、马家窑文化、齐家文化和寺洼文化等多种文化遗存。

和甘肃省内考古工作者发现的大多数齐家文化遗址相同的

是，磨沟遗址沿洮河台地而建，依山临河，地势开阔，是先民们理想的生居之所。齐家文化出现的年代在距今4200—3700年间。这是新石器晚期文化类型，处在新石器时代向青铜时代过渡时期，因1924年瑞典科学家安特生在临夏广河县齐家坪首次发现而得名。从磨沟墓葬来看，当时居住在这里的人群比较富裕，这里应是齐家文化一个非常重要的区域。这些墓葬以土葬为主，但也有少数火葬墓。

　　在磨沟遗址还出土了两座寺洼文化类型的墓葬。经研究，齐家文化墓葬和寺洼文化墓葬之间有着很强的内在联系。考古研究

磨沟遗址

者认为，神秘消失的齐家人，并没有彻底消失，他们在这块土地上生活了三四百年后，最终流向了四面八方，其中有一部分人在陈旗乡这块地方逐渐向寺洼文化类型过渡。

寺洼文化的存续年代大致介于公元前 1400 年至公元前 700 年之间。新中国考古学先驱夏鼐先生于 20 世纪 40 年代较早研究寺洼文化，并将该文化的主人认定为氐羌。目前寺洼文化属于"西戎"系统氐羌的考古遗存已成为学界共识。

磨沟遗址的发掘充分说明：甘南地区很早就有了人类活动；中晚期仰韶文化在仰韶文化中期就已进入甘南地区，并未只停留在渭河流域；齐家文化和寺洼文化存在过渡性关系，且都在甘南地区出现；甘南地区与周边地区很早以前就存在密切的文化往来，且文化水平已达到了很高的程度。

造型世所罕见——八角古城

八角古城位于夏河甘加滩东部央曲河与央拉河交会的台地上。

据《白石县志》记载："公元前 81 年，汉昭帝下设白石县"，"白石县"正位于如今的八角古城。据考证，八角古城也是唐代的雕窝城、宋代的移公城。其确切的建城时间史书并无记载。

古时八角古城的地理位置十分重要，是河州通往西南番的要道之隘口，是中央王朝与羌、吐谷浑、吐蕃、西夏、唃厮啰等激烈争夺的战略要塞，也是中央王朝保护唐蕃古道畅通和保障邮驿安全的军事重镇。八角古城附近有许多历史和文化遗产。其东北 3000 米有尕代拉卡古城遗址，西南 6000 米有斯柔古城遗址，西北 5000 米有白石崖寺和白石崖溶洞等。

古老的建筑就像一种无声的语言，向人们讲述着久远的历史，述说着过往的辉煌。八角古城藏文称为"卡尔雍仲城"，意即"卍"字城。据藏文资料记载，"卡尔雍仲城"在西汉时期就已成型，是古藏人根据本土宗教苯教的标志性符号"卍"的形状修建的。古城造型独特，世所罕见。人们从城北引央拉河水从东西两侧环绕八角古城，在城南汇入央曲河。城墙呈八角，每个角的外侧又被筑成钝角，形成了 16 个外角，20 个面。在城墙的钝角处，还建有 8 个墩台（马面），形成掎角之势。城墙高约 10 米，基宽约 6.6 米，顶宽约 4 米，

俯瞰八角古城

由一层土一层砂夯筑而成，四方合围，基本完好，周长约2193米。城廓是一个空心的十字形，东西瓮城有S形通道，城内占地面积约20万平方米，南面开有一座城门，北城依山，无门。城墙外围有护城壕，残存部分宽4～6米，深2～6米；护城壕外有护城河，宽6～14米，深2～3米，现已经干涸；护城河外还有外廓，外廓外还有河流。在这样的造型之下，外部所有地方都在城墙上弓箭手的射程之内且全无死角。整个古城三面环山，凭

山依水，居高临下，易守难攻。在本地藏民心中，八角古城的造型与防御"魔众入侵"的圣地"坛城"是一致的，这既说明了八角古城建筑技巧的高超，也增添了八角古城的神秘色彩。

20世纪二三十年代，作为驿站的八角古城逐渐荒废，城外的牧民逐渐进入城内居住。如今这里还有70多户500多人居住，靠放牧为生，日出而作日落而息。

虽经千年的风吹雨打，八角古城依然矗立，守望着甘加草原。

八角古城

"二十四关险中第一"——土门关遗址

我国叫土门关的地方很多，比如陕西宝鸡土门关、河北鹿泉土门关、青海湟中土门关等。

夏河土门关位于甘肃省的临夏回族自治州和甘南交界地带，北属临夏管理，南为夏河属地。

临夏古称河州。据《河州志》记载，河州当时有二十四关。所谓二十四关，即明代在河洮间所筑边墙沿线的二十四个关隘。顾颉刚在《河洮间之明边墙》中写道，边墙（二十四关）"自永靖县黄河岸起，累经曲折，讫于临潭县之倾山，延五六百里"。土门关在二十四关中规模最大。其西北侧为达里加山余脉王山，东南隔大夏河与太子山相望。关口两侧高山耸立，形成一道天然峡谷，土门关就依这天然地形而建，由西向东顺山梁夯筑土城墙，约2.5千米，墙宽6米，高10米，十分坚固，并建有关门城楼，为二层，雕梁画栋，雄伟壮观。城楼与两侧延伸的城墙，形成了当时农区和牧区的人工分界线。

土门关"山高险峻绝，对岸若门"，有"土门带险"之誉，与积石峡（积石神功）、宁河滴珠崖（悬壶点漏）、河州凤凰楼（高岗凤楼）、河州白石山（露骨积雪）、宁河松鸣岩（松岩滴翠）、茅陇峰（茅陇飞瀑）、泄湖峡（泄湖雷鸣）一道在当时被称为"凤林八景"。明临洮府通判刘承学曾作《土门带险》诗云："西鄙连峰不尽山，险中第一土门关。潜龙水涧真难越，碍雁石烽不可攀。二十三关刚作翼，百千万虏岂容奸。奇花异木犹堪赏，若个先登誓不还。"土门关北面的科托山梁、杨家沟沿等处均有

烽燧遗址，更为古老的关口增添了几许威严。

清雍正三年（1725），这里被开拓为汉族、藏族、蒙古族茶马互市的场地，在当时属较为发达的商业区。关门早开晚闭，由驻兵把守，行人客商出入关门，均需检查。

土门关是兰州经临夏前往甘南、四川、青海、青藏高原地区的必经隘口。关隘两侧历史上就有"关内""关外"之称。关外，即关南，为青藏高原，植被丰厚、水草丰美，为天然优良牧场。走出 10 千米，便是明清时代的清水驿站。关内，即关北，为黄土高原，平畴绿野、阡陌纵横，为河州重要的粮食产地。

土门关残存关墙长 410.6 米，现在的山门是由甘南州政府于

2001 年修建的，门高 9 米，宽 18 米，门顶由鎏金宝瓶、祥麟法轮装饰，具有鲜明的民族特色。这里距临夏市 33 千米，距夏河县拉不楞镇 75 千米，国道 213 线兰郎公路穿越此关口。山门以北不远处有一座清真寺，土门关南边道路旁立有一藏式白塔。山门、清真寺与佛塔，是土门关茶马古道上汉族、藏族、回族等各民族交往交流交融的历史见证。

现存最大的卫城遗址——洮州卫城

洮州卫城位于临潭县新城镇新城村，距离县城35千米，属于遗址文物，具有很高的人文历史价值，是目前中国现存最大的卫城遗址，被列为第七批全国重点文物保护单位。据《洮州厅志》《洮州卫城竣工碑》载，洮州卫城为明洪武十二年（1379）西平侯沐英所筑，明、清两代又多次重修。

洮州卫城

洮州卫城处在"西控番戎、东蔽湟陇""南接生番、北抵石岭"的要冲之地，是"唐蕃古道"的重要一站。唐朝时，为发展经济和固边安民，曾开辟了以长安为中心通往国外和边地的商贸通道，唐蕃古道是其中一条。据说唐太宗贞观十五年(641)，文成公主远嫁吐蕃赞普松赞干布时，走的便是唐蕃古道。自秦汉以来，洮州卫城所在地一直是中原王朝与西北部族势力之间争夺疆域、角逐王权的边塞要地。夏商周时为羌人部族所控，南北朝时吐谷浑入居，唐又陷于吐蕃之手，宋时被唃厮啰占据，期间战事不断。直至明初回归一统，方才使洮州边地安宁。杜甫在《近闻》中写道："近闻犬戎远遁逃，牧马不敢侵临洮。渭水逶迤白日净，陇山萧瑟秋云高。"令狐楚《从军行》中有诗句"却望冰河阔，前登雪岭高。征人几多在，又拟战临洮。"其中所说的"临洮"，指的就是历史上的洮州。

洮州卫城古称鸣鹤城、候和城，后又更名为洪和城。洪武十二年（1379）初，洮州番酋叛乱，明廷派沐英率军征讨。战后有人认为洮州气候恶劣，土地贫瘠，物产凋敝，民风刁悍，"守地无大益而靡饷其巨"，但明太祖朱元璋认为洮州为边塞要地，"诚不可无兵以守之"，遂亲下诏谕："洮州，西番门户，应筑城戍守。"西平侯沐英在原洪和城的基础上重新修建了洮河卫城。

洮河卫城建设在西倾山中支的余脉之中，四周为群山环绕。城池坐北面南，依山而建，规模宏大，气势雄伟。城墙总周长5400余米，总占地面积2.98平方千米，分为前后城，前后城由东西向墙垣从中分隔。前城取直线构筑，东、南、西三面墙体笔直。后城依山脊走向随形而筑，呈不规则形，最北垣筑于垂直高度近

300 米的山脊，下临陡坡，形势险峻。后城又被纵向墙垣分隔为东西两域。城池修建时依据了"一半山一半原"的奇特地势，南城墙顺河而建，其他三面顺山而上，城三分之一位于山上，东北高，西南低。有城门五座，东门为"武定门"，南门为"迎薰门"，西门为"怀远门"，北门为"仁和门"，西北为较小的"水西门"。四处均有瓮城。西门附近有水源地"海眼"，大旱不涸，大涝不溢，城东北和西北山头有烽火台。

叛乱平定后，鉴于洮州在战略上的重要，朱元璋下旨将士留守，开荒种田，并陆续将屯军家属以及大量南京、安徽以及其他江淮地方的农民迁来定居，成为当地的永久居民。

洮州地区民风淳朴，先辈多为明代将领和军士。后人为了纪念祖上开国定鼎的伟业，依据明太祖关于开国将领配享太庙的昭示，将常遇春、沐英、胡大海、徐达、李文忠等十八位王侯将领，尊为十八路龙神，供人们祭祀，"企冀诸将生曾为人杰，死必为神灵，庇佑一方之平安，稼穑之丰收"。洮州十八位龙神赛会便起源于此。

多年过去了，移居至此的南方人与当地百姓一起耕战戍守，繁衍生息，生产生活，形成了农牧过渡、汉藏聚合的特殊地域风情，将江淮遗风留在了陇原大地。

CHAPTER 05

甘南的多元文化

多地舞

甘南历史悠久，文化荟萃。

甘南的文化，首先是在其独特的自然环境下产生的。正所谓一方水土养一方人，比如草原空旷的生存环境造就了旋律悠长的民歌风格。其次是生活在这片土地的各族人民用辛勤的劳动创造的。通过长期的生产生活实践，甘南各族人民创造了丰富多彩的文化形态，展现出不凡的勇气和智慧。再次是本地文化在与周边文化的交往交流交融中逐渐形成的。这里既包括甘南不同地方多民族之间的交往交流交融，也包括甘南与周边地区各民族之间的交往交流交融。然后是中央政权在与羌、吐谷浑、吐蕃、党项、西夏、唃厮啰等政权的激烈斗争中碰撞出来的。无论是中央政权还是地方政权，都会带入自己的文化，你方唱罢我登场，并在这一过程中相互影响与融合。最后是行走在甘南的唐蕃古道、茶马古道上的人们从国内外带来的。比如拉卜楞金属制作技艺很多就是从印度传入的。

甘南的文化是融合的文化，每一种文化形态，既有本民族文化的鲜明个性，也有多民族文化的共性特征。发展到今天，甘南的文化，说到底就是中华民族共同体文化。

早在19万年前甘南就有了人类活动的足迹。到寺洼文化时期，也就是商代中期到春秋初期，这里的文化已经达到了很高的水平。

秦统一之前，氐羌文化在甘南的影响很大。比如，甘南迭部地区的旧式民居就是从"西戎板屋"发展而来的。《水经注·渭水》中有"其乡居悉以板盖屋，诗所谓西戎板屋也"之说。我们能从传承至今的甘南的很多文化形态中找到氐羌文化的影子。

吐谷浑为鲜卑慕容氏一支，原游牧于辽河西昌黎棘城之北一带，后西迁至内蒙古阴山一带。西晋永嘉末（313 年左右），吐谷浑率领部众从阴山南下经陇山，迁至甘肃临夏西北。不久，又向西向南发展，占据了甘肃南部、四川西北部以及青海部分地区。吐谷浑到甘南后，不仅带来了商业、贸易，也带来了鲜卑文化。因为受中原文化的影响很大，吐谷浑也把中原文化带到了甘南。还有，吐谷浑是青藏高原上最早接受佛教文化的民族。因此，随着吐谷浑的到来，佛教文化也开始在甘南传播。

甘南有"中国的小西藏"之称。藏族群众聚居地依据使用方言的不同分为卫藏、康巴和安多。西藏拉萨向西称为卫藏，西藏的昌都、四川的甘孜、青海的玉树、云南的迪庆等地称为康巴。青海的果洛、海西、海南、海北、黄南，甘肃的甘南、天祝，四川阿坝等地称为安多。"卫藏为法区，康巴为人区，安多为马区"，意思是卫藏是佛法教义的兴起繁盛之地，康巴的人长得高大威猛，而安多则是盛产宝马良驹的地方。甘南是安多地区的文化核心区，"安多马区"的概括，揭示出了甘南藏族群众居住地方游牧文化的特点。

甘南是古代关中、卫藏、川康、甘青之间的交通要塞，也是连接中原与卫藏之间的主要通道，历史上是唐蕃古道、茶马古道甘肃段的重要组成部分。唐蕃古道是唐代以来中原去往青海、西藏乃至尼泊尔、印度等国的交通要道，自陕西西安起，途经甘肃、青海，至西藏拉萨（即逻些）。整个古道横贯西部，跨越举世闻名的世界屋脊，联通我国西南的友好邻邦，故亦有丝绸南路之称。茶马古道是以川藏、滇藏、甘青（青藏）三条大道为主线，辅以众多的支线、辅线，地跨陕、甘、贵、川、滇、青、藏等省区，向外延伸至南亚、西亚、中亚和东南亚各国，构成一个庞大的交通网络。居于其中，甘南区域特征明显，节点属性地位较为突出，域内唐蕃古道（丝绸南路）、茶马古道纵横交织。吐谷浑曾在这里经营商道，大量丝织品于此交易，换取牛马，维护并开辟了多条甘南丝绸之路。两宋时期官方在河州、洮州等地设立马司，经营茶马互市。明代亦继承了宋以来的做法，数条古商道自此经过、通向四方。明洪武四年（1371），户部确定以陕西、四川茶叶易番马，于是在各产茶地设置茶课司，定有课额。又特设茶马司于秦州（今甘肃天水）、洮州、河州、雅州（今四川雅安）等地，专门管理茶马贸易事宜。临潭、碌曲、舟曲等地是其中重要的茶马贸易之地，各种文化汇聚于此，繁荣一时。

中央王权在甘南的治理，是中原文化传入甘南的主导力量，也是中原文化逐渐占据主导位置的主因。甘南的传统文化，处处都遗留着中原文化的印记。比如江淮遗风就是明朝在平定洮州番酋叛乱后，由留守的将士以及后来迁移过来的将士家属和大量南京、安徽等江淮地方的农民带来的。历史上，中央王朝通过屯垦、移民、羁縻等措施维护大一统的局面，促进了文化的交融发展。

在漫长的历史进程当中，甘南这片土地形成了丰富多彩的文化形态。就类型而言，这里有农耕文化、游牧文化、商业文化；就民族而言，这里有汉、藏、回、土、羌等多民族习俗文化；就宗教而言，这里有佛、道、伊等宗教文化；就地域而言，这里有本地文化、雪域文化、中原文化、西域文化。各种文化在这里互动共生。临潭是全国拔河之乡，每年要举办的"万人扯绳"赛（洮州"万人拔河"赛）由于参赛人员不分民族，当地群众亲切地将"万人扯绳"称作"三石一顶锅"，即汉族、藏族、回族三个民族共同撑起一口团结友爱之"锅"。除临潭是全国拔河之乡外，卓尼是中国洮砚之乡，碌曲是中国锅庄之乡，玛曲是中国赛马之乡，舟曲是全国楹联文化县。每一项民俗文化和民间技艺都融入了不同的民族文化因素。民俗文化、民间文化、花儿文化、游牧文化、祭神文化、草原文化、历史文化、节庆文化、医药文化、文房文化、土司文化、民族文化、宗教文化等多种文化形态，令你赏心悦目，流连忘返，彰显着甘南这块土地独有的迷人魅力。

甘南是自然风光的天堂，也是民族文化的胜地。

丰富多彩的节会活动

甘南的节会活动很多：有的是各民族的传统节会，如藏历新年（洛萨节）、香浪节、赛马节、洮州十八位龙神赛会、东山转灯、博峪采花节、巴寨朝水节、天干吉祥节等；有的是现代节会，如香巴拉旅游艺术节等；有的是藏传佛教节会，如毛兰木法会（正月祈愿大法会、七月劝善大法会、九月法会）等；有的是僧俗共庆的节会，如插箭节、娘乃节、瞻佛节（雪顿节）、十月燃灯节等；有的是起源于某个民族现已发展成为多民族共同参与的节会，如临潭花儿、洮州万人拔河赛、正月十九迎婆婆等。

香浪节。香浪节又称"浪山节"，是流行于甘南地区的藏族群众的传统节日，源于拉卜楞寺的僧人每年外出采集木材的活动。

香浪藏语意为"采薪"。由于拉卜楞寺附近没有柴薪市场，寺院所需的柴薪，一律由僧人到郊外自行采伐，所以僧人们每到风和日丽、鸟语花香的季节，便会带上丰盛的食品，到山上砍拾木柴，逐渐约定俗成。这一习惯慢慢从寺院传到了民间，成为当地群众夏游娱乐的民间节日。

香浪节时间长短无特别规定，短则一周，长则月余。一般在农历的六七月份举行。这时候树茂草绿，气候宜人。节日期间，藏族群众或合家而出，或邀约亲朋好友，在村庄附近的草地或山头，扎起帐篷，搭起灶台，在美酒、奶茶、牛羊肉的相伴下，载

六月香浪节

歌载舞，尽享欢愉的时光。这时，远远望去，一顶顶白色的帐篷如同绿色海洋中的船帆，增添了草原的动感和活力。整个草原人头攒动，炊烟升腾，成为了欢乐的海洋。节日期间还会举行赛马、拔河、摔跤等藏族传统体育活动。

香浪节既是藏族群众抒发美好情感、享受快乐生活的节日，也是传播民族文化、弘扬民族精神的重要平台。香浪节的多重文化功能日益显现。

插箭节。插箭节是由藏族民间流传的古老祭祀仪式演化而来的僧俗共庆的民族节日或民族活动。

弓箭对于古时的部落而言，意义非凡。英雄史诗《格萨尔王传》中记载的英雄人物格萨尔之所以战无不胜，很大程度上得益于他手上的那把弓箭。在很多关键战役，格萨尔王都是靠那把威力无穷的弓箭取得了胜利。因此，在古代的藏族群众聚居地，弓箭已经超越了作为武器的意义，成了神一样的存在。祭祀时插箭，意味着对箭的崇拜！

插箭节祭祀的神灵有所不同，有的祭祀的是护法神，有的祭祀的是山神，还有的祭祀的是战神。目前祭祀山神的活动最为常见。插箭节举办的时间较为灵活，由各村落依据一定的仪式选定，一般在农历的五六月份。主要活动有煨桑、扬隆达（风马）、插箭、举行赛马会、比赛射箭等。

插箭之日，天刚亮，人们便三五成群或骑马或步行来到山头的插箭台前。先是煨桑。在煨桑台上点燃松柏树枝，往火堆里投放"桑籽"，也就是糌粑、酥油、绸缎、茶叶、糖果、酸奶、牛奶等祭品。然后是撒隆达。人们从杯中掏出大把大把的隆达向空中抛撒。隆达像雪花般在天空中飘舞，漫过山岗，场面甚为壮观。在一片响彻云霄的欢呼、鸣炮、螺号声中开始插箭。各家举着自己的箭，绕煨桑台转一圈，再绕插箭台三圈。箭是一根长约6米的笔直而光滑的木杆，木杆的根部削成箭头状，顶部用羊毛穗子绑上柏枝，柏枝下面扎有三块三角形的彩色木质箭羽。插箭时，待插完代表集体的"共箭"后，便开始一起插各家自己的箭。插箭完成后，再用细长的羊毛线将箭堆缠牢。前一年的旧箭在插箭仪式举行之前会清理掉一部分，插箭节这天插入新箭，新箭簇拥着旧箭，巍然矗立于山巅。

插箭台上的神箭象征着一个民族、一个部落不可欺凌、不可战胜。有着插箭台陪伴的神山神圣威严。受过插箭礼遇过的山神

插箭节

护佑着当地村落风调雨顺、五谷丰登、人畜兴旺。藏族群众在这一仪式中表达着对美好生活的向往。

娘乃节。"娘乃"在藏语中是"闭斋"之意。"娘乃节"也被称为"四月会"，原为宗教活动，现已演变为一种带有宗教色彩的僧俗共庆的民族节日或民族活动。

佛祖释迦牟尼诞生、得道和涅槃均在农历四月十五。为纪念这一日子，拉卜楞寺周边的信仰藏传佛教的藏族群众要在这一天禁食、禁言。他们把农历四月十五当成最大的吉日，认为在这一天做一件善事或念一遍六字真言，抵得上平时做百件善事，念百遍六字真言。斋戒前七天忌吃蒜、韭菜、萝卜等气味刺激的食物和肉食。前一天即农历四月十四，不吃早饭，天刚亮，就身着节日盛装，以村庄为单位排着整齐的队伍绕拉卜楞寺一周，期间齐

娘乃节

声颂唱六字真言。中午食斋饭，然后前往寺院转经轮，朝拜佛祖圣像。晚上只饮茶不进食。睡觉至第二天醒来后就不说话，不进食，只是默念经文或六字真言直到第三天。第三天即农历四月十六，早晨醒来，才解除斋戒，喝"脱尔头"，意即早斋，掺牛奶的面糊，而后清水净口，才开口说话，之后可以吃其他食物，至此闭斋才算结束。

拉卜楞地区一年中有两次娘乃节，另一次在农历九月二十二，规模较小。

赛马大会。游牧民族逐水草而居，一方面崇拜、依赖、顺应大自然，另一方面崇尚武力和战斗，因此对马有着深厚的感情。

马是藏族群众日常生活中的亲密伙伴，藏族群众放牧、远行等都离不开马。甘南的河曲马同内蒙古的三河马、新疆伊犁马被誉为中国三大名马。爱马是藏族群众的天性，赛马则是藏族群众娱乐生活的一项重要内容。

甘肃养马的历史悠久且丰富。春秋时期天水放马滩就因秦始皇先祖嬴非子在此地为周王室养马而得名。礼县盐官镇一带作为秦人最早的都城——西犬丘，至今还保留诸如马耳尖山、马驼峰、马山梁等许多与马相关的地名。周王室很赏识非子，十分认可非子的养马技艺，让他继承了先祖伯益的"嬴"姓，并指定"秦地"作为周的附庸为周养马。

发展至今，赛马已成为藏族最普遍的群众性的活动，并由此形成了藏族文化中最重要的一个组成部分——赛马文化。

甘南牧区和半农半牧区都有赛马的传统习俗，其中以桑科草原的赛马节和玛曲格萨尔赛马大会最有名气。相传12岁的格萨

赛马大会（一）

赛马大会（二）

尔就是在玛曲找到"河曲神骥"而一举在岭国赛马中夺魁称王的。赛马大会按比赛的内容一般分为马上射箭、打靶、竞技、拾哈达、献青稞酒等，形式较为自由，带有浓厚的表演意味。其间还有拔河、跳远等民间体育活动和文艺表演。甘南各地和周边地区的牧民们携带帐篷，身着艳丽的民族服装，一路欢歌而来。

赛马大会组织者还会举办物资交流活动。牧民们把自己生产和制作的物品拿到这里销售，同时购进全家需要的生产生活用品，所以赛马大会也堪称是牧民们的"贸易会"。

临潭花儿。"花儿"是流传于中国西北地区的一种高腔山歌。临潭花儿属于西北花儿的一支，指流行在甘肃洮河流域，包括临潭、卓尼以及与两县交界的岷县、康乐、临洮等地的花儿。临潭花儿内容丰富，谈古论今，借景抒情，无所不能，但以爱情为主，具有浓厚的乡土气息。唱词多为 7 字 3 句体、4 句体和 6 句体，有较为严格的韵律。男女对唱，一问一答。曲令不多，以《莲花山令》《扎刀令》《两叶儿令》《尕缘花儿令》等为代表。曲调起伏跌宕，节奏明快，悠扬旷远。2009 年，临潭花儿、张家川花儿、临夏花儿等代表甘肃花儿正式被列入"人类非物质文化遗产杰出代表作品名录"。

临潭周边有这样的俗语："洮岷是一家，汉藏不分家。"在长期的融合发展中，临潭花儿与甘南藏族拉伊等相互影响，使得这两种艺术形态在曲式特征、衬词衬句、演唱内容、音乐风格、演唱方法、润腔等方面有许多共性特征。所以，无论是临潭花儿，还是甘南藏族拉伊，都是中华民族共同体文化在甘南形成、发展的见证。

临潭花儿

莲花山在陇西一带较有名气，每年农历六月初一至初六，要在这里举办花儿会。程序包括马莲绳拦路求歌，游山对歌，相互赛唱，篝火夜歌，祝酒话别等。其间周边地区的歌手云集在这里，大多组成 3 人以上的演唱班子，用领唱、独唱、齐唱等方式相互赛唱。此时，莲花山歌声如潮，昼夜不休。掌声、欢呼声、笑声汇集其中，好不热闹！各民族群众穿上鲜艳的服装，来到莲花山踏青游玩，赏景听歌，其乐融融。

莲花山花儿会产生在什么时间，目前还没有定论。但一般认为，已有 500 年的历史。也就是说，明朝时莲花山就有了花儿会的这种艺术形式，可见莲花山花儿会由来已久。经过不断的发展，莲花山花儿会也融合了一些时代因素，更具有广泛的群众性和吸引力，目前已发展成为交流、学习的一个艺术平台，深深地根植在当地汉、藏、回等各民族群众的心底。

东山转灯。东山转灯是流行于舟曲东山镇石家山、韩家沟、真节村、鲁家村、湾里村一带的具有浓厚地方色彩的民俗活动，一般在正月元宵节前后举办。东山镇素有"转灯踩道"和"迎灯纳福"之说。据《新唐书·姚崇传》等史料记载，东山转灯的习俗早期可追溯至唐代，已有 1300 余年历史。一般 5 年之内，连续举办 3 年，然后休整两年。

据说，唐朝开元年间，蝗虫泛滥成灾。因为蝗灾怕火，人们便拿上灯笼，在田间地头驱逐蝗虫。转灯活动由此而生。

东山转灯主要包括转灯和踩道两部分内容。转灯仪式包括迎旗起灯、转灯、迎灯等，踩道则是数百名转灯人在头灯带领下在百米见方的一块空地上走出隶书或篆书字样。每年从腊月起，人

东山转灯（一）

东山转灯（二）

东山转灯（三）

们便开始破竹扎灯，捆扎火把。元宵节转灯。转灯只限于男子。
夜幕降临时，转灯人集合。转灯时，鸣放三眼炮，烟花不熄，锣
鼓唢呐喧天，数百转灯人背起灯笼，手持火把响器，前后相随，
入场转灯。助威的人群随锣鼓节奏，手舞足蹈，边唱边走。入村
之后，火把熄灭，灯笼排成一字形穿村而过。之后入场踩道。"头
灯"带领转灯队在没有任何标记的地上，按锣鼓的节奏和踩字口
诀进行踩字，所有转灯人必须步调一致，每个人都要按前灯的步
伐依次行进或转弯。灯队跟着"头灯"不断变换队形。所踩字形
有"福禄寿喜""抗美援朝""保家卫国"等。除了头灯，其他
人在踩道时都不知道踩的是什么字。不同字样踩道的心决和脚法
各不相同，是一代一代传承下来的。转灯队中的头三盏灯作为头
灯十分重要，只有村子里德高望重的人才能作为头灯。转灯期间，

村民们还要准备自酿的大碗黄酒，敬给其他村子来转灯的人们。家家互相敬酒，互道祝福。

"灯转到哪里，福就带到哪里"。东山转灯人山人海，通宵达旦，是东山正月期间举办的最热闹的活动，也是东山村民的狂欢节。这一节会活动具有祈福、传承信仰、娱乐等多种功能，是各民族和睦相处的见证和体现。因其古老神奇，融入灯火、音乐、舞蹈、说唱、剪纸、书画等多种艺术形式，特别是寄托着浓厚的家国情怀而声名远播。

东山转灯的内容与形式是世界独一无二的，是我国民俗文化中的一朵奇葩！

巴寨朝水节。每年农历五月初五举办的巴寨朝水节、博峪采花节和农历七月十五举办的天干吉祥节原生态文化风味浓郁。巴

巴寨朝水节

寨朝水节是舟曲巴藏镇前、后背山村和迭部洛大镇藏族群众的传统节日。每年的农历五月初五这一天，这里的藏族群众都要穿上节日盛装，成群结队来到昂让山的"曲沙"（飞瀑和流泉）前。这里水雾弥漫，烟云缭绕。在高僧和长者煨桑、诵经、祭祀、祈祷后，人们开始鸣枪放炮，唱歌跳舞，在"曲沙"里沐浴洗濯，追逐嬉闹。据说沐浴"曲沙"，可以医治疾病，净化身心，消灾避难。朝水后，人们带上给亲人的"曲沙"下山，一路欢歌、敬酒。回到村子，妇女们在场院尽情地跳起舞蹈，男子们则摆起威武的"龙阵"，模仿祖先战斗的场景，尽显阳刚之气。夜幕降临后，还要举办篝火晚会，大家围在一起喝酒吃肉，唱歌跳舞，活动进入高潮。

博峪采花节。又叫女儿节，是舟曲博峪山寨藏族群众的传统节日，每年农历五月初五举行，为期两天。实际上，采花节筹备工作从四月十四就已经开始了，所有15岁以上30岁以下的女子都要参加歌舞集训。采花节大致可分为"抢水""采花"和"祝福"三个部分。农历五月初五一大早，人们便纷纷上山抢泉水，或捧水痛饮，或背水回家，用以洗发、净身。之后，被精心打扮的女子在自己兄弟的陪同下，与其他姑娘会合，一起上山采花。一路上，每到一个固定地点，姑娘们都要围成一圈跳多地舞，对唱山歌。到了采花地点采花坪，姑娘们采来美丽的达玛花戴在头上，男人们则煨桑祈福，抛撒隆达。达玛花据说是为了纪念传说中的为给乡亲治病上山采药不幸失足而亡的汉族医仙兰芝姑娘（藏语称之为达玛）而取的花名。晚上要点燃篝火，载歌载舞，通宵达旦。第二天拂晓，采花姑娘和小伙子们离开采花坪回到村子，早

博峪采花节

天干吉祥节

已守候在村头的村民们鸣炮欢迎，并向采花姑娘敬献美酒。敬酒人向采花姑娘提出一些关于采花的问题，姑娘们要一一回答。随后，采花姑娘们要将采到的花儿全部送给采花许愿的那户人家，并在家中跳舞唱歌，相互敬酒。之后大家还要涌向村中广场，围成圆圈，跳起多地舞，唱起歌儿，开启祝福活动，祈求幸福平安。

天干吉祥节。天干吉祥节是舟曲铁坝乡天干沟藏族群众的传统节日，每年农历七月十五举行。是日凌晨，天干沟群众穿上节日服装，上山祈福。一般男人们要骑高头大马，在半山古树下煨桑插箭，举行祭拜山神仪式。妇女们则一路欢歌，到山顶的枇杷沟采摘枇杷花、山荷叶、野葱花。之后男女汇聚山顶，举办祭祀天神的活动，齐唱山歌，跳起舞蹈，互相敬酒。下山后，寨子里的男女老少要到村口迎接、敬酒，并一起来到村子里的广场，举行煨桑祈祷仪式和唱歌跳舞等活动，祈求神灵保佑全村平安、人畜兴旺、风调雨顺、吉祥如意。

内蕴生动的藏族服饰

服饰是一个地区、一个民族物质文明和精神文明最直观和最生动的体现，反映了一个地区、一个民族的生产力发展水平、生活习俗、思想观念和审美情趣，是了解一个地区、一个民族的一把钥匙。甘南地区藏族服饰文化历史悠久，意蕴深厚。其形成和发展与当地的地理环境、气候条件、生产方式、风俗习惯、宗教信仰等是密不可分的。

藏族民间服饰的基本形制有宽腰、长袖、大襟、右衽、长裙、戴帽、穿靴、编发、饰品等。高原气候寒冷，昼夜温差大，这就要求服装要有很好的保温、散热功能。同时，辽阔的草原自古就是天然的牧场，服装还要便于起居、行旅。宽大的藏袍有利于保温、散热和自由活动。戴帽是为了保护头部，穿靴除了保暖之外，其鞋尖上翘是为了方便在草地上行走。袍袖宽敞，臂膀伸缩自如。白天活动时卸下一只袖子或两只袖子都卸下，晚上则穿上袖子。在自然环境的影响下，藏族群众过着游牧生活，牛、羊是牧区主要的生产生活资料，因此牛、羊的毛、皮便成为当地群众主要的衣着材料。人们常说的氆氇就是手工生产的毛织品，是藏族服饰的重要材料之一。鞣皮子指的是将坚硬的生皮鞣成柔软而坚韧的熟皮的一种传统手工方法。

藏族服装中有很多装饰品，装饰品的数量和质量是财富和地位的体现，而装饰品的样式、色彩、图案一方面受宗教文化的影响，如男女均佩戴的护身符嘎吾，内装有小佛像、经书或圣物，其宗教的寓意是辟邪祈福，另一方面要美观和有实用性，比如藏族妇女佩戴的一种叫"学纪"的腰佩，就是挤奶时用的一种工具。腰钩、火镰、针线包等均具有实用性特征。青藏高原曾有"身不配四青，不是男儿汉"的说法，"四青"即刀、针、锥子和火镰。装饰品的大量使用，说明了古时藏族的金属制品的工艺已达到一定的高度。

服装的发展史就是人类追求美的历史，藏族服饰体现了藏族群众对美的认识和对美的追求。一是造型之美。藏袍是上下相连的服装，结构简单。男性裙摆置于膝盖上下，靴子整体露出，富有运动气息，尽显阳刚之气。女性裙摆长及脚踝，突出庄重典雅，尽显婀娜、高挑。二是色彩之美。藏族服饰总体以白、蓝、红、黄、绿为主。这五种颜色是藏族原始宗教中代表五种本源的象征色。白色代表白云，蓝色代表蓝天，红色代表火，黄色代表土地，绿色则代表江河水。配以黑色、紫色等颜色。同时，在每一款服饰中大量运用对比强烈的颜色，比如红与绿，白与黑，黄与紫等。在色彩、纹样等方面还运用递增、比排的方法，使服饰鲜艳、亮丽、醒目。如藏服中的花边，常用竖立色块，依次递增构成色带，给人跳跃、活泼之感。妇女的发饰也常使用鲜红和翠绿、粉红和天蓝等对比强烈的丝线、毛线，相互映衬。三是饰品之美。藏族服饰从头到脚广泛运用金银、珠宝、象牙、玉器等饰品，突出服饰者的美丽和高贵。如头饰、发饰、项饰、耳饰、胸饰、臂饰、腕饰、指饰、扣饰、腰饰、脚饰及巾、帕、扇、包、佩带等佩饰。男性还佩带腰刀、腰扣、火镰等，突出威猛、高大的形象。四是意味之美。藏族的服饰中包含了很多文化意蕴。比如戒指，又称驱环，不仅是装饰品，还有驱邪之意。在藏族服饰装饰图案中，经常可以看到佛教八大吉祥图案，俗称"八宝图案"，即宝伞、金鱼、宝瓶、妙莲、法螺、吉祥结、金幢和金轮，象征吉祥如意。

甘南藏族群众的服饰，大体可以分为三类：牧区服饰、半农半牧地区服饰和城镇服饰。

牧区服饰。玛曲等纯牧业地方和碌曲、夏河等以牧业为主的地方有辽阔的草原和优质的天然牧场。生活在这里的人们选择了便于起居、行旅的服装。上下连属，右衽，交领，结构宽松，袖口大敞，穿着自如。夏季一般穿用布料衬里，以各种料子为面的藏袍。春秋之际穿着用羊羔皮做里子，外罩毛料或布质面子的皮袍。冬天大都穿着一种叫作"子化"的大羊皮袄，是用羊皮经手工缝制而成，不挂面子。男式藏袍宽腰，大襟，襟、袖和下摆用10~15厘米宽的黑绒镶边，但也有不做装饰边的。女士藏袍的襟、袖和下摆先用宽10~20厘米的黑平绒镶边，再用红、蓝、绿三色宽5~10厘米的平绒镶边。牧民的节日盛装质地高级，做工精致。这种皮袍以羊羔皮缝制，面子用獐皮制作，袖口、襟领、下摆用红、蓝、绿纹呢子装饰，用水獭皮或豹皮镶边，显得格外漂亮。

牧区藏族妇女的头发较为独特，多系"碎辫子"型。男女喜戴圆顶宽檐呢帽，冬天则是狐皮帽。夏河一带的藏族妇女戴四片

服饰（一）

服饰（二）

瓦形的翻毛边的绣花呢帽和以白羊羔毛围边的皮帽，皮帽圆锥形的顶端坠一束红缨。还有将羊羔皮或其他兽皮围成筒状的皮帽，用红布或橙布饰面，两头只用绸条系扎，方便使用。玛曲也有头戴尖顶毡帽和白色圆顶瓦楞帽的。

耳环、耳坠子，藏语叫"那龙""那多合"，大都是银制品，有浮雕、掐丝、镂空镶嵌等形式。有的耳环小至豆大，直径不到半厘米，有的直径达 12~15 厘米。有的只戴一小耳环，很多人则是戴镶红、绿珠大耳环，耳环上再挂耳坠子。耳坠子层层叠叠，长达六七十厘米，垂及胸前。其形制多种多样，不一而足。牧区妇女除注重耳环、耳坠等首饰之外，还讲究项链、排珠、银盘等胸饰。

项链，藏语叫"戈尖"，是由一颗颗大小相同、形状各异、颜色迥异的珊瑚、龙柏、蜜蜡、松耳石、奇楠香料珠串联而成的，也有用红、蓝、绿、紫色玛瑙和淡黄色象牙制成的。玛曲妇女的颈项上多佩戴由20～40颗珠子串起的少则两三串，多则十几串的项链，五光十色，令人眼花缭乱。

半农半牧地区服饰。临潭、卓尼、迭部、舟曲等半农半牧地区气候较为温和湿润，人们穿着的藏袍主要以黑氆氇为原料，款式仍属大襟服装，右腋下钉一个纽扣。男士藏袍用绿色或蓝色绸布做两条宽5厘米、长20厘米的飘带。女士藏袍大都是黑色的，一般冬装有袖，夏装无袖，但也有四季穿无袖的，冬春季外加一个氆氇短褂。

由于半农半牧地区藏族群众多居住在峰阜岗岭地带，各村落之间往来较少，服饰差别较大。"乡乡不同语，沟沟不同服。"同时由于受到汉族等民族的影响，服饰的融合特征又较为显著。卓尼藏族妇女的发饰为三根粗辫子，俗称"三格毛儿"，头戴石榴形帽，帽子后面有一个石榴形尾巴，这种帽子当地人叫"裔如

服饰（三）

帽"。还有一种俗称"烟筒帽"的，像高耸的烟筒，高度约 40 厘米。金边毡帽也是卓尼藏族妇女喜欢的帽子，形如"钢盔"。受汉族、满族的影响，卓尼藏族妇女还喜欢穿旗袍。

迭部除益哇乡扎尕那一带穿着皮袄，其余各地着装比较单薄。像旺藏、多儿一带藏族男子不戴帽，仅以白毛巾或同样布幅的白布，顺长边折叠成宽 15 厘米的长条，一边紧挨额际缠绕一周，正好呈圆柱体，上面开口。他们身着交领的自织白色麻布长衫，右臂外伸。腰系红腰带，上别砍刀。衫长及于膝。下着窄裤筒黑色长裤，膝下部分装入鞋筒，用带系束。女子头带夹层软胎平顶

圆筒高帽。年轻妇女的帽面颜色绮丽鲜艳。年长者多以黑、赭石色布料制作。她们身穿半高领、右衽大襟的长袍，类似蒙古族袍服，多为黑色。领、襟部分先用花布织边，并镶缀黄色暗花锦缎。袖口及下摆均无边饰。平日劳动，在长袍之下套以无领、无袖、对襟的褐色马甲。洛大、腊子口一带藏族男子头上是盘巾，身着大襟短祆，腿上裹着绑腿，用蓝布或黑布条由脚踝至膝下逐层缠裹。足蹬勒高 7 厘米的厚底鞋。这一带藏族未婚姑娘梳两条辫子，已婚妇女梳三条辫子。耳朵上戴的银耳坠呈灯笼形，下面吊二三十股银丝链，尾端各缀一红色小珠玑，长达 30 厘米，左右两耳上

服饰（四）

的坠子又用一长银链连接。还有些年轻女子头戴六合一统帽，俗称瓜皮帽。妇女身着三层上衣，最里层是衬衣，颜色多浅淡，中间一层是用花、红、绿色绸缎缝制的短袄。最外层套一坎肩。下着宽大如裙的裤子，穿着时在脚踝处用花色缎带扎起，呈灯笼状。

舟曲整个前后山的妇女发式都是"碎辫子"型，只是不留满头，半耳朵以下的头发都被剃光，其余则编成百余根细碎的辫子，下接黑丝线，披在身后，腰际用一红布条拢住。这里的男子身着大襟长袍，外罩及腹对襟坎肩，不织纽扣，也有穿白麻布长衫的。过去男子有时在腰带上佩挂长达脚面的机织花带，围腰一周，成裙状。妇女着长不过膝的红或白色对襟长衫，年龄稍大则着黑、蓝色长衫，前角撩起。舟曲博峪乡有截然不同的两种服饰。一种是以河坝、第二坎两地为代表的款式，即头顶瓦片状的首帕，头饰为碎辫子形。服饰为内着衬衣，胸前系一边长为 63 厘米的正方形裹兜，裹兜外穿着一件无领、对襟宽袖长袍。这种对襟宽袖长袍酷似明清时流行于江南一带的"背子"。最外层罩一件花边绞锻坎肩。腰系红毛腰带和白布衬底的花格织带，两面胯下各垂吊一束三四十厘米长的红色散穗头。博峪乡的另一种服饰是以岔路沟和曲曼两村为代表的属于白马藏族的装扮。妇女不分婚否，平日喜穿右衽、无领的长衫，她们叫"便服"。长衫一般是黑色或蓝色料面，袖口及襟边镶包黑布花丝线边子。老年妇女的长衫均为黑色布制，腰系黑色围裙。冬季，长衫外面套一件短袖无领的黑棉衣或镶有花边的精巧的小坎肩，有对襟式和琵琶襟式两种。棉衣和坎肩虽设纽扣，却不常系扣。逢年过节或走亲访友时则穿短袖宽口的连衣百褶裙，里面贴衬衣着一裹兜，上端黑布，下端

服饰（五）

大红布，无排珠。裙体上俏下丰，无扣无衩，色彩斑斓，艳丽夺目，走起路来飘逸轻盈。秋冬腰系红色腰带，春夏系白布衬底花格织带，两边各有60厘米长的穗子吊下。无论男女老少皆打白布绑腿。冬季头上缠裹"首帕"，这种"首帕"为黑丝纱，长6米多，若是黑平布，则有10米长。脚穿传统的皮底尖头的长筒靴，靴面上饰有红布条和"1"字形图案花纹。

城镇服饰。城镇的藏族服饰无论用料、款式、色调等都与农牧区有一定的差别。城镇男女一般喜欢以哔叽、毛呢或混纺为衣料，妇女尤讲究款式新颖合身。穿藏袍，里面都要穿衬衣。男式衬衣多半是高领，有大襟和对襟两种，用白色绸布作面料的居多。女式翻领用各种颜色的绸布做成，袖子较长，平时卷起，跳舞时放下，袖随舞起，翩翩飞舞。

欢快奔放的藏族歌舞

会说话就会唱歌，会走路就会跳舞。藏族群众能歌善舞。独特的自然环境和长期的游牧生活造就了甘南意志坚强、勇敢善良的藏族人民，也孕育了自由欢快、热情奔放的歌舞艺术。而甘南独具特色的民间歌舞形式，则记录着生活在这片土地上的先民认识自然、改造自然的历程，是珍贵的中华文化遗产。

甘南藏族音乐种类主要有拉伊、勒、说唱音乐、弹唱音乐（"扎木念"弹唱，因琴杆上雕刻有精美的龙头，当地汉族人称为"龙头琴"弹唱）、歌舞音乐（表演"卓"舞等舞蹈时演唱的乐曲）、宗教音乐（诵经曲调、羌姆乐舞和寺院器乐）、南木特藏戏等。舞蹈主要有甘南锅庄舞、拉卜楞"卓"舞、拉卜楞"格尔"、迭部"尕巴舞"、卓尼巴郎鼓舞（藏巴哇"莎木"和柳哇"噶日"）、舟曲多地舞、舟曲摆阵舞等。除藏族歌舞外，甘南也有古洮州临潭因屯军和人口迁移而形成的江淮文化遗韵——洮州花儿、劳动号子、小调、秧歌，洮州佛诗儿，古西固舟曲汉族民间山歌、社火等民间歌舞艺术，卓尼土族民歌等。

甘南的民间歌舞（器乐）有多项被列为国家级和省级非物质文化遗产，主要有南木特藏戏、甘南锅庄舞、拉卜楞民间舞、迭部尕巴舞、卓尼巴郎鼓舞、舟曲多地舞、舟曲摆阵舞、甘南藏族民歌、格萨尔说唱、玛曲藏族民间弹唱、牛角琴演奏技艺、藏鹰笛演奏技艺等。

南木特藏戏。"南木特"系藏语音译，是"传记、故事"之意。南木特藏戏又称安多藏戏，是以历史人物或民间故事中的传

南木特藏戏

奇人物、民族英雄为素材，具有生动情节和完整结构的一种戏剧艺术表演形式。其雏形为"哈羌姆"，即鹿舞剧，产生于18世纪。在拉卜楞寺第二世嘉木样（1728—1791）授意倡导下，第二世贡唐·丹贝仲美（1762—1823）编写了《至尊米拉日巴语教释——成就者之密意庄严》一书，并将其中"语教释"部分改编为"哈羌姆"，剧情主要讲述米拉尊者劝教猎人贡保道吉放下猎器，皈依佛法，性生慈悲的故事，表达了人与动物和谐相处的美好愿望。

南木特藏戏真正形成的时间为1946年。在第五世嘉木样的授意下，朗仓活佛根据甘南的实际情况，参照西藏藏戏和京剧，对"哈羌姆"进行了改造，创作完成了《松赞干布》《冉玛拉》等剧本。1946年冬，在嘉木样宫殿的大院里由第五世嘉木样主持，首场演出了《松赞干布》，大获成功。

南木特藏戏的演出形式为先由一人介绍剧情，并向观众致祝词，然后开始正戏。剧情大多以歌颂正面人物为主，融音乐、舞蹈、表演于一体，以载歌载舞为主要艺术特征，多采用丰富的想象，浓郁的神话色彩，大胆的浪漫主义手法。初创时期没有女演员，表演动作很少，后增加了女演员。表演动作亦更为丰富，并形成一些成套程式动作。因演出不戴面具（动物角色除外），故注重人物表演，强调艺术的真、纪实性，服饰、化装、灯光、布景等舞美设计也逐渐完善与成熟。南木特藏戏的音乐，综合藏传佛教音乐和夏河附近的民间歌舞、弹唱、说唱音乐发展而成。其所含曲目甚多，但一般曲体比较短小，多带分节歌体性质。运用时无严格规范，随意性较强，可按剧情需要自由连缀和发展变化。其音乐体制属特殊联曲体结构，可分为唱腔音乐、舞蹈音乐、间奏音乐三部分。舞蹈基本来自夏河地区的民间舞蹈，节奏欢快，舒展奔放，在剧中发挥着重要的作用。主要剧目有《松赞干布》《赤松德赞》《诺桑王子》《卓娃桑姆》《达巴丹保》《智美更登》《罗摩衍那》《阿达拉茂》《降魔》等。

南木特藏戏传播和弘扬了优秀传统文化，具有强烈的表现力、感染力和生命力，体现了浓郁的地方特色和民族风格，深受广大农牧民群众的喜爱。

甘南锅庄舞。锅庄中的"锅"，藏语意为"圆圈"，"庄"藏语意为"舞蹈"，合在一起，就是围着圆圈跳舞之意。一般认为锅庄舞起源于古代部落狩猎活动结束后人们围在一起载歌载舞的庆祝活动，按规模和功能分为用于大型宗教祭祀活动的"大锅庄舞"，用于民间传统节日的"中锅庄舞"和用于亲朋聚会的"小

锅庄舞

香巴拉旅游艺术节千人锅庄舞

锅庄舞"。

锅庄舞开始时由众人围成一个圆圈或多个圆圈，人数不限，一般男女各排半圆拉手成圈，圆圈有大有小。由一人领头，分男女一问一答，反复对唱，边唱边跳。舞蹈者"甩手颤踏步"，沿圈走动，队形按顺时针行进。当歌词唱完一个段落，众人齐声呼叫——"呀"，随之加快速度，甩开双臂侧身拧腰大摆步跳起，挥动双袖载歌载舞，奔跑跳跃变化动作。整个舞蹈由先慢后快的两段舞组成，锅庄舞舞步分为"郭卓"（走舞）和"枯卓"（转舞）两大类。"郭卓"的步伐是单项的朝左起步，左右两脚共举七步为一节，这样轮回起动，由慢转快。"枯卓"舞姿多样，种类较多，常跳的有二步半舞、六步舞、八步舞、六步舞加拍、八步舞加拍、猴子舞等。模仿牧民挤奶、夯土垒墙、放牧瞭望、打猎奔跑、宗教祭祀等生产生活场景，形成了"前后甩手""单手统袖""双手绕花""悠颤跨腿""趋步辗转""跨腿踏步蹲"等手腿动作。舞蹈特点在于队形多变，手臂以撩、甩、晃为主变换舞姿，脚步踏、踩结合。其中男子伸展双臂，如雄鹰盘旋奋飞，动作豪放刚劲，女子点步转圈，如凤凰摇翅飞舞，动作则端庄优雅，由此形成强烈对比和独特的视觉观感，展现出了藏族群众质朴刚健、团结合作的精神特质。

由于锅庄舞舞姿优美，生动活泼而且简单易学，比较适合大众学习，目前逐渐成为很多地方广场健身舞的主要舞蹈形式。

拉卜楞民间舞。拉卜楞地区的民间舞蹈主要有卓舞和格尔舞。据拉卜楞当地老人回忆，在五世嘉木样活佛之前，还没有拉卜楞卓舞，只有在甘青地区较普遍的格尔。格尔，有的藏族群众称之为"哉柔"（则柔），即边唱边跳，歌者即舞者的舞蹈形式。由此可见，格尔舞并不为拉卜楞所特有。1920 年冬，五世嘉木样坐床之后，其家族迁居拉卜楞时带来了西康巴塘歌舞，包括锅卓、弦子、歌谐等。每逢年节，寺院周围的村庄便唱起了歌谐，跳起了锅卓、弦子。经过几十年的演变，无论是锅卓，还是弦子，都逐渐被吸收融汇，形成了一种具有鲜明当地特色的舞蹈形式，即拉卜楞卓舞，拉卜楞民间舞主要指拉卜楞卓舞。

卓舞是以舞蹈为主、歌舞结合、载歌载舞的一种艺术形式，主要在逢年过节、婚礼庆典、乔迁新居、迎宾送客等喜庆的场合表演，一般在竹笛、铃铛、鼓、号子、扎年琴等简单乐器的伴奏下或男女合唱的旋律中舞蹈，参加跳舞的人员少则数人，多则几十人甚至几百人，男女老少均可参加。每场歌舞开始时，舞蹈队

拉卜楞则柔

形是几个人站成一排或男女两排，队前都有一个领舞人，参加者相互拉手扶肩，由领舞人把队形带成一个圆圈，舞蹈过程中始终保持着圆圈的基本形式。卓舞的歌词有歌颂党的，有赞美天地山川的，有祝福平安吉祥的，有固定的唱段，也会即兴而作。基本步伐和手势有优滑步、双甩手、踏踢步、斜拖手、拉手舞步等。舞蹈的动作风格主要围绕"甩袖"这个动作进行，讲究以腰带动手臂，双绕、单绕，胯、腰的各种拧摆，肩、臂的各种绕甩，腿部的悠、颤，各种跺脚等是卓舞最具风格的地方。有时候舞蹈者脚下动作幅度大于手臂动作幅度，讲究脚下动作的奔跳，以肩的动作配合；有时候手臂动作幅度大于脚下动作，讲究手臂的大幅甩袖，以小碎步配合，形成左、顺、开、屈、颤、甩、俯等具有

尕巴舞

美学价值的动作特点。男子舞姿矫健大方，女子舞姿流畅柔美。卓舞的音乐结构一般由慢歌段和快歌段两部分组成，有的乐曲在慢歌段之前增加了散板领唱，使乐曲分成三部分。慢歌段音乐浑厚深沉，快歌段音乐节奏感强，具有强烈的感染力。

迭部尕巴舞。迭部尕巴舞起源于印度，由吐蕃传至迭部，是流行于迭部卡坝、尼傲、旺藏三乡部分村寨祈求平安健康，欢庆五谷丰登而祭祀神灵时表演的一种民间舞蹈。

迭部秋收季节有一个欢庆丰收的传统节日，藏语称为"道吾"，从农历十一月十七日开始，二十二日结束，持续 6 天。此时正是牛羊肥壮、颗粒归仓的季节。尕巴舞正是在"道吾"供食节期间表演。表演者以男子为主，女子围观，喝彩助兴。表演形式有独舞、双人舞、团体舞，也有哑剧、喜剧、杂耍等多种形式。歌词以三句为一首，以情歌、神话故事、赞颂事或物等为主要内容。具体内容有敬山神、尕巴的起源、偷亲、狗熊爬树、官兵出征演练等。曲调包括酒曲类、山歌情歌类、出征歌类等。有鼓、钹等乐器伴奏。主要舞姿特征为单腿直立、蹁腿甩、跨跳、蹦跳转等。表演一般持续 2 ~ 3 天。

尕巴舞作为古老民间文化遗存，主要展现祭祀神灵、欢庆丰收的场面，既有宗教文化内容，也有农耕文化、林区文化特色，集多种藏族艺术门类于一身，是迭部悠久深厚的藏族传统文化的一种形态，是甘南独有的一种"文化符号"。

卓尼巴郎鼓舞。卓尼巴郎鼓舞分为藏巴哇巴郎鼓舞"莎木"和柏哇巴郎鼓舞"噶日"。因表演者手持类似于拨浪鼓的藏语称为巴当的一种皮鼓，所以当地汉族人把这种舞蹈形式称为巴郎舞，

当地藏族群众称为莎木舞和噶日舞。莎木舞和噶日舞都是集说、唱、跳于一体的祈祷平安吉祥和五谷丰登的古老的民间舞蹈，起源于古羌人的原始祭祀活动。古羌族在祭祀神灵时有"披发跣足，敲击枯木兽皮作舞"的习俗。

巴郎鼓鼓面蒙以羊皮、牛皮或马皮，鼓的两侧系有鼓槌。其中，莎木舞使用的巴郎鼓鼓面直径约为1尺，厚约2至3寸，重约3.5千克左右，鼓柄长约1尺至1尺5寸之间，噶日舞使用的巴郎鼓鼓面直径约8寸左右，手柄5至7寸，比莎木巴郎鼓小。

莎木舞现流行于卓尼藏巴哇、洮砚、柏林三乡，核心区为藏巴哇乡。每年正月初五开始跳莎木，先在本村演，之后到与本村有"马路"（交往关系）的村子轮流演出，正月十五结束，正月十六早上将巴郎鼓包好存放在干燥干净的堂屋里。一年当中的其他重大节日也跳莎木舞。表演开始前在场地中央点起篝火，然后由一位德高望重的长者宣布开始，表演者便围着篝火跳起莎木舞，并按照鼓的节奏高声齐唱。唱跳到凌晨时要到堂屋里举行酒宴，

巴郎鼓舞

其间也对唱和跳舞。天蒙蒙亮时还要到莎木场地举行告别仪式。
整个场面气氛热烈，高潮迭起。

莎木舞的舞种众多，不同的舞种具有不同的队形变化。舞蹈
风格优雅细腻，干净有力。脚下步伐主要包括撩、踏、错、顿4种，
持鼓动作由执鼓、杠舞、托鼓构成，击鼓动作根据不同方位可分
为头顶、胸前、胯侧正面下垂击鼓，节奏紧凑。曲调流传下来的
有十几种，每种曲调都有曲名、固定的使用程式和相应的舞蹈动
作。歌词内容有庆贺丰收、互道祝福的，有歌颂家乡自然美景、
好人好事的，有针砭时弊的，也有猜谜式的"盘歌"。

噶日舞在卓尼杓哇四族人（喇叭族、初路族、光尕族、石家
族）中流行。正月初八开始活动，正月十五结束。表演者左手提
红灯笼，右手持巴郎鼓，在"噶日巴"（噶日行家）的指挥领舞
下跳起舞蹈。舞蹈动作、风格等与莎木舞大体相同，但结构形式、
服装道具、唱词内容、场面造型等又有所差异。另外，噶日舞的
音乐曲调较少，只有开场、主唱调和换队形时的间句唱调三个。

多地舞（一）

多地舞（二）

舟曲多地舞。多地舞是流行于舟曲和迭部下迭部分村寨的有上千年历史的藏族民间舞蹈，是当地藏族群众在喜庆、丰收、祭礼等传统节会期间不可缺少的一项活动。当地汉族称为罗罗舞（啰啰舞），因歌中衬词"啰、啰"和常用农具"箩筐"的圆圈形状之意而得名。

多地舞起源于古代羌、藏仿龙摆尾、拟虎跃进的舞蹈。舟曲先秦时期就是氐、羌等民族居住地，茶马古道、唐蕃古道带来了汉、土、苗、白、彝等多民族文化，因此舟曲藏族文化受其他民族文化的影响很大，在语言、习俗、信仰、歌舞、服饰等方面保留着羌族等其他民族的痕迹。多地舞正是舟曲多民族文化交汇融合、和谐共生的集中体现，具有多元一体的文化特征。其在服饰、音乐、动作等方面与其他藏族聚居区歌舞风格迥异，别具特色，独树一帜。舞蹈由描述自然景观的开场舞"多地"和以妇女为主的集体舞"嘉热"，以及赞美家乡山川景色和歌颂美好生活的结尾歌舞"甸录"三部分内容组成，集诗、歌、舞为一体。在舞蹈正式开始前还有长达约两小时的对歌。作为群体性舞蹈，多地舞表演场地一般在比较开阔的地方，承袭了藏族民间舞常见的"连臂成圆、以圈为舞"的表演方式。舞者手持大小不一的一串马铃，也有在脚腕上系上马铃的，无乐器伴奏，只用马铃打击节奏，踏歌而舞，边歌边舞，歌曲多为舟曲藏族民间的"拉伊""勒"等，舞姿多样，上下齐动，节奏鲜明，给人以激情飞扬的视觉审美享受和欢快愉悦的情感体验，反映了当地人民崇尚自然、安于天命和对美好爱情、幸福生活的执着追求。

多地舞代代相传，千年不衰。根据表演形式和地域特征，多地舞又分为赖萨多地、格班多地、贡边多地、萨热多地、姜拉多地、玛西多地、朱玛多地、突谷多地等十多种。每种舞蹈都有不同的表现形式，对于研究藏族文化和藏羌等多民族文化的融合发展很有意义。

舟曲摆阵舞。 舟曲摆阵舞是甘南民间艺术中保存完好、原生态文化风味浓郁的藏族民间舞蹈艺术之一，流行于舟曲县上河憨班、立节、曲瓦、巴藏等乡，是男性集体舞，表现的是战前动员、祭祀摆阵和比武战斗的场景，展现了藏族男子的矫健英姿和阳刚之美，体现了藏族群众不怕牺牲、英勇斗争的精神品质和对美好爱情、幸福生活的执着追求。

一般认为摆阵舞产生于11世纪，与格萨尔王东征胜利有关。在舟曲流传的《格萨尔王传·上河降魔记》中有这样的描述：相传在北宋年间，四川若尔盖草原出现了一个叫苏桑叉魔的魔头。他在赛布设下三阵，分别是勒魂阵、汲魂阵、啄魂阵。格萨尔王请来了十三战神助战，并携珠茉王妃，率大臣让霞尔和乍拉、超同、鹰雕狼三勇士集大队人马出征，大败敌军。苏桑叉魔逃至舟曲上河一带，祸及百姓，被随后赶来的格萨尔王消灭。当地群众庆祝胜利时，学习格萨尔王的排兵布阵，跳起舞蹈，形成今天的摆阵舞。

摆阵舞表演时，为首者背弓持枪，手腕上戴着铃铛，青年男子持刀枪跟随，数百人摆起 "长龙阵"， 侧身弓腰屈步腾挪，作催马奔腾或跃进冲刺状，刀枪撞击，有防守、进攻、操练、射击、躲闪、跳跃、冲杀等动作，整体阵势如漩涡形运动，场面浩大，展现战场上将士们紧密团结、所向无敌、威猛无比的精神风

摆阵舞（一）

摆阵舞（二）

貌。摆阵舞是典型的羌藏文化相互融合的艺术表现形式，具有鲜明的多元一体风格。

甘南藏族民歌。甘南藏族民歌是指形成和流传于甘南藏族群众聚居地区的民歌形式。藏族群众能歌善舞，"歌必舞""舞必歌"，无论是在劳动之余，还是在节日聚会，经常能看到男女老少同歌共舞的场面。

甘南藏族民歌曲调节奏自由，歌词内容丰富，以喜庆和祝福为主。歌唱形式以一人单独演唱或二至多人联合演唱两种，以独唱为主，还有趣味性对答式演唱。艺术风格为辽阔、活泼、粗犷、高亢。主要种类有拉伊、勒等。

拉伊中的"拉"意为"山坡"，"伊"意为"歌"，是青年男女在高山田野里演唱的表达男女爱情的山歌。辽阔无际的甘南大草原，蓝天、白云、雪山、牧场，孕育了悠扬的藏族长调。拉伊成了甘南青年男女用歌声谱写在草原上的情书。由于牧区和农区自然环境差别较大，拉伊也有所区别。流行在玛曲的拉伊，音程之间的跨度有十度以上，旋律起伏较大。位于白龙江、洮河两岸的迭部、舟曲、卓尼的拉伊既有雪域高原的特色，也带有一丝江南的韵味，悠远舒展。

勒通常被称为酒曲，是在节会、喜庆的活动中助兴，以及亲朋好友聚会时演唱的歌曲。藏语中的勒就是"歌"或"曲"的意思。农区的勒朴实、委婉、悠远、深切，少颤音，牧区的勒自由奔放，高亢辽阔，大量使用独特的带有民族色彩的颤音。

格萨尔说唱。说唱音乐是以说唱艺人特定的曲调，以某一历史事件或传说为内容，以简单的弹拨或打击乐伴奏有说有唱的一种表演形式。甘南的说唱音乐主要包括讲述《格萨尔王传》史诗的格萨尔说唱，在"三格毛"藏族聚居区婚礼上表演的藏族创世史诗"舍巴"，以历史传说或民间故事阐释佛经佛理的洮州"佛诗儿"，以日常生活为题材的诗赞类说唱、乐曲类说唱等。其中以格萨尔说唱为代表。

格萨尔说唱在玛曲流传最为广泛，其摇篮在玛曲的玛麦·玉龙松多草原，分为单人说唱、领说齐唱、流动说唱、群弹群唱，是以格萨尔史诗为蓝本，采用传统的说唱体文学体裁，散文、韵文交替运用，以讲、唱、演的形式，有说有念有唱有诵地将格萨尔的故事呈现在世人面前的艺术形式。

《格萨尔王传》是世界上最长的英雄史诗，总共有120多部，2000多万字，被誉为"东方的荷马史诗"，主要由格萨尔王降生、征战即降妖伏魔和重返天界三部分构成。三部分中以征战时期的

格萨尔说唱

内容最为丰富，篇幅也最为宏大。演唱艺人分为神授艺人和吟诵艺人。神授艺人，一般被当地人认为是与生俱来就会说唱格萨尔的艺人。吟诵艺人，即后天背诵说唱给观众的艺人。格萨尔说唱音乐受藏族歌舞音乐、扎木念弹唱音乐的影响较大，主干音不外乎角、徵、羽三个音，节奏以附点八分音符加十六分音符为一拍的节奏为主，贴近藏语颂词的诵读韵律。其在伴奏方面可有可无，现如今，从单一的扎木念弹唱发展到加入其他乐器，丰富了格萨尔说唱的表现力，更加受到观众的喜爱。

玛曲藏族民间弹唱。玛曲藏族民间弹唱主要指扎木念弹唱，起源自西藏的阿里地区，因其琴杆顶端和装弦轴的地方雕刻有精美的龙头，又被称为龙头琴弹唱，是一种集唱、念、弹、舞于一身的综合性曲艺表演形式。

演出时，可以按固定曲目弹唱，也可以由弹唱者自己即兴编配，格式为三段三句、三段四句的弹唱曲。演唱者可以自弹自唱，也可以组合弹唱、集体弹唱、男女对唱，可以由龙头琴单独伴奏，也可以与其他乐器合奏。由于可以即兴弹唱，所以弹唱曲调多种多样，节奏轻快明朗，唱腔带有地方和民族特色。唱词内容丰富，涉及历史、宗教、文化、生活等各个方面，歌颂真善美，抨击假丑恶，教育和引导人们积极向上。

龙头琴弹唱已成为玛曲藏族群众茶余饭后自弹自唱、自娱自乐的一种重要方式，是玛曲藏族群众日常生活中不可缺少的精神食粮。

牛角琴、鹰笛演奏技艺。牛角琴是甘南玛曲特有的一种古老乐器，构造简单，由两根用马尾搓成的琴弦、一个野牛角和一根

弹唱

上好的木材构成，通过角度和高度的控制演奏出不同的音调，音色与曼陀罗、龙头琴、吉他等不同。据史料记载，牛角琴从胡琴发展而来，已有500多年的历史。由于没有曲谱，加上演奏技法特殊，牛角琴演奏在玛曲几近绝迹。目前，仅剩一对父子为传承人。父亲叫秦占布，儿子叫尕藏丹巴。尕藏丹巴现在正在跟随父亲学习，努力把牛角琴演奏和制作技艺传承下来。

鹰笛

鹰笛是藏族的古老演奏乐器，起源于西藏地区，已有1700多年的历史。鹰笛由鹰的翅膀骨制作而成。制作时，先将翅膀骨上的肉剔除干净，去掉两端的骨节，除去骨髓，磨平上下管口，然后挖出发音口，并在笛身上雕刻出图案纹饰或题字。鹰笛做好后，要先放置，等鹰笛外表呈现出雅致的暗红色之后，才拿出来演奏。用鹫鹰翅膀骨制作的鹰笛，音调偏低，音色浓厚；用老鹰翅膀骨制作的鹰笛，音调偏高，音色明亮。鹰笛可以独奏、合奏或伴奏，吹出的曲调深远悠长，高亢明亮，极富民族特色，深受藏族群众的喜爱。

匠心独具的手工技艺

甘南的手工技艺种类很多，是甘南各族人民在长期的生产生活实践中创造的，体现了高原、游牧、信仰、融合等鲜明的文化属性，彰显了不凡的才能与智慧。在历史长河里，面对各种风险与挑战，同时，为满足生产生活的实际需要，甘南各族人民积极与周边地区交流沟通，开拓创新，充分发挥自身的聪明才智，不断提高生产力水平，在这片雪域高原，创造出了众多的具有鲜明特色的手工技艺成果。甘南藏族唐卡、甘南藏医药、藏式建筑技艺碉房、青稞酒酿造技艺、榻板房制作技艺、临潭民间洮绣艺术、卓尼洮砚制作技艺、卓尼木雕、舟曲织锦带、舟曲刺绣、夏河金属饰品制作技艺、临潭牛氏金属铸造技艺、古战申氏金属加工技艺等均已列入国家级和省级非物质文化遗产名录。

甘南藏族唐卡。唐卡，也叫唐嘎，系藏语音译，是用彩缎织物装裱成的卷轴画，被称为藏族"百科全书"。

甘南藏族唐卡历史悠久，早在四五千年前卡若文化遗址中出土的陶器上面，有一些简单的纹饰图案，就已隐约显露出唐卡艺术的造型。公元 7 世纪，吐蕃王朝崛起。这前后，吐蕃王朝修建了布达拉宫等规模宏大的建筑，当时很多人参加了其中的壁画绘制工作，极大地促进了绘画艺术的发展。在此基础上，不受地方限制，便于携带和收藏的唐卡画应运而生。

唐卡画最初在寺院被广泛运用，是师徒间传授教理教义的一种方式，因此唐卡不仅具有鲜明的民族特点和独特的艺术风格，也具有浓郁的宗教色彩。唐卡的绘画颜料多为矿物质以及金银等，

唐卡

画芯和装裱离不开棉、麻、丝、帛等农业文明的成果。文成公主进藏后，带来了先进的中原文化，布类物品大量涌入，因此唐卡也是一种文化交流融合下的一种艺术形式。其内容有反映宗教活动的，有历史人物的，有自然景观的，等等，强调在画面上要看得多、看得全、看得远、看得细、境域广阔。每幅一般描绘一个完整的故事，画面的景物随故事情节的需要而变化，不拘泥于历史、时间、空间的要求。画幅大小不一，大者几十平方米，甚至上百平方米，小者不足 0.1 平方米，制作需起稿、涂底色、勾线、晕染等多道工序，因此耗费的时间较长。

甘南藏族唐卡以拉卜楞唐卡为代表。目前，在夏河县拉卜楞镇有一个拉卜楞唐卡小镇，距拉卜楞寺只有千米之遥，已有多家唐卡公司和个人画室入驻，代表了拉卜楞唐卡创作的最高水平。甘南藏族唐卡从这里走向全国，走向世界。

甘南藏医药。医药严格说来属于科学范畴，但作为非物质文化遗产的甘南藏医药，也具有手工技艺的属性。它既是一门学科，一种独特的文化，也是一个行业，既有自身的知识体系，又与宗教、哲学、天文、民俗等相互联系，体现了藏族人民的疾病观、社会观、自然观和生命观。

藏医药是中国医学宝库中的一颗璀璨明珠，与中医学、古印度医学、古阿拉伯医学并称"世界四大传统医学"，已有3800多年的历史，是世世代代生活在雪域高原的藏族人民在与自然和疾病进行斗争的过程中形成的一门学科体系。成书于公元8世纪的被誉为藏医药百科全书的《四部医典》，就是藏医药医疗实践和理论精华的集中体现。

公元七八世纪，藏医药就传入甘南地区，因此甘南的藏医药已有上千年的历史。其药材60%源于当地。由于高原日照时间长，再加上高原植物较强的生命力，所以药物活性成分高，经过适时采集、妥善干燥、区分新旧、加工去毒、恰当配伍和特殊的炮制工艺，其药性柔和、疗效显著。医疗方法以"水、火、土、风、空"五原学说和"龙、赤巴、培根"三因学说为理论基础，采用适应高原环境和游牧生活的行医方式，主要有十种内服法和三种外治法两类。三种外治法包括柔治（熏疗、药浴、涂擦三种）、糙治（放血、火灸、棒刺三种）和峻治（剪割、截断、牵拉、清除四种）。

藏医学取得的成绩令人惊叹。早在300多年前藏医学就以唐卡的形式将人体的内脏、穴位清楚地勾画出来，甚至连人体胚胎每一周的变化也清晰地呈现出来。从史书记载和现有器械图谱看，藏医学还曾达到进行开颅手术的技术水平，只不过因危险性较大，大部分技术已经失传。为大家所熟悉的拉卜楞寺曼巴扎仓（医学院）由第二世嘉木样大师于清乾隆四十九年（1784）创立，其精心研制出的"洁白丸"早在1997年就被载入国家药典。1981年甘南成立了甘南州藏医药研究所，这也是中国第一家藏医药科研机构。目前，甘南120多家寺院中，有30多家从事藏药制剂的配制和使用。2008年，甘南藏医药被列入国家级非物质文化遗产扩展项目名录，碌曲县藏医院获得"甘南藏医药"项目保护单位资格。

藏式建筑技艺碉房。碉房，藏族的传统住宅，藏语称为"卡尔"或"宗卡尔"，原意为堡寨，因其外观很像碉堡，故称为碉房。

碉房产生的年代久远，东汉时就已存在。《后汉书·南蛮西南夷传》有记载："皆依山居止，累石为室，高者至十余丈，为'邛笼'。"这里说的"邛笼"，就是目前所见对碉房建筑最早的称呼。在建筑形式上，碉房可分为碉楼式碉房、碉塔式碉房、独立式碉房、院式碉房等。尽管形态和规模各异，但其基本构造相同。碉房大多外石内木，也有用土垒起的。传统的碉房外墙向上会有一些收缩，内部仍然上下垂直。外墙无缝、平整、光滑，基本上采用材料的本色，墙壁厚实，外形端庄稳固，色彩朴素协调。里面木头作柱，上用方木铺排作椽。楼层铺木板。二层以上全部采用梁柱穿墙的形式，组成木架承重体系。修建碉房要考虑阴阳、水源、地势、风向等因素。建筑人员不挂线，不吊角，全凭技艺经验目测墙体平面和墙角垂直线。

建在城里的碉房，一般为三层，最高五层，底层当库房，二层住人，并设有经堂。屋顶多为平顶。有的碉房顶楼留一部分作晒台，可晾晒东西，或散步、休闲、观光。农村的碉房一般依山而建。多为三层：一层饲养牲畜，二层当卧室、厨房和储藏室，三层设经堂。平顶用来晾晒谷物。房间通常不用床铺和桌椅，睡卧和坐都在垫子上。碉房建筑技艺高超，具有坚实稳固、楼角整齐的特点，既利于防风避寒，又便于御敌防盗，历经风雨、地震等，几百上千年屹立如初，得到了广泛的赞许。

榻板房制作技艺。甘南迭部藏族群众的旧式民居多为榻板房，属利用地形、就地取材的一种建筑艺术。因在屋顶以木板代瓦片，依次叠压，并以石块和木条加固而得名。

《毛诗传》中提到了"西戎板屋"。《水经注·渭水》中有"其乡居悉以板盖屋，诗所谓西戎板屋也"之说。白龙江流域古时为西戎人的居住地，西戎人在迭部留下了大量的文化遗存，榻板房就是其中之一。纯粹的榻板房全为木构造，一般建筑在平缓的山坡上，或以临近的山崖或土坝为天然防护墙。建筑时，在正房平顶架起两檐水木椽屋顶，在木椽屋顶上顺斜坡再盖上宽20厘米左右、长1.5米左右的松木榻板，上排压下排，交接处横放半圆形细长条木杆，然后用石块压住。房檐前后泄水处，横架一条凹形木槽，倾斜伸向院墙外以引屋顶雨水。榻板房架下的平房为正房，紧挨正房檐下分左右盖起廊房。左右廊房相距较近，与正房大门墙共同围成小天井，用一根木头截削出台阶作独木梯，从门口斜搭廊房檐，通向廊房顶，廊房顶部常清扫得很干净，供主人晒粮食、衣服或干零星家务活使用。除这种榻板房外，在迭部还有另外三种类型的榻板房：一是土、木、石结构。先用土将四面

碉房

榻板房

全起，建一个"土庄廊"，其中一面开门，然后在其中用木隔层、隔间，此类房屋当地叫"土包房"。二是"坎楼型"建筑，类似于"内不见土、外不见木"的羌藏雕房、雕楼。坎下是用石砌成的"庄廊"，一般用于喂养牲畜和储物，坎上修筑住人的房屋。三是不同于"坎楼型"建筑那样层次分明，而是在凹凸不平的地面上借地势建起的房屋。迭部地区沟谷纵横，林木较多，建榻板房有就地取材的优势。同时榻板房在冬季具有一定抗寒保温性，再加上高山、深谷地区的村落过去同外界联系不多，现在又注重保护，因此，榻板房这种古老的建筑艺术便被一代又一代传承下来了。

　　榻板房与高耸的山峰、起伏的山峦、茂密的森林、广袤的草原一起，构成了迭部原始古朴的民俗风情画，体现着当地群众的建筑理念与聪明才智，是钢筋、水泥之外流淌在年轮里的一首动人诗篇。

卓尼木雕。卓尼木雕是卓尼地区独特的手工技艺，历史悠久，其起源可以追溯到元朝年间。根据藏经记载，萨迦法王以稀有蛇心檀木雕刻的释迦站像一尊赠献卓尼禅定寺作为奠基纪念，于是开启了卓尼木雕的历史。

卓尼木雕取材于本地优质的紫、白檀木以及柏、桦等优质材料，主要雕刻各种佛像、经版以及房间内的装饰工艺品，其中大量应用了汉族图案，形成了汉族文化、藏族文化和佛教文化相互融合的艺术手法。工艺灵活逼真，造型生动，尤其是注重细节和故事性，人物栩栩如生，具有极强的动感和立体视觉效果。

卓尼洮砚。卓尼洮砚与广东端砚、安徽歙砚、山西澄泥砚齐名，并称"中国四大名砚"。因卓尼历史上曾属洮州管辖，石料产地又濒临洮水，故得名"洮砚"。

洮砚石料的采掘和雕刻始于唐代，盛行于宋、明、清，距今已有1300多年的历史。历史上赞美洮砚的诗文佳句数不胜数。北宋著名鉴赏家赵希鹄《洞天青禄集》云："除端、歙二石外，惟洮河绿石，北方最贵重，绿如蓝，润如玉，发墨不减端溪下砚，然石在大河深水之底，非人力所致，得之为无价之宝"。宋代大文豪苏轼、黄庭坚赞叹洮砚"洗之砺，发金铁，琢而泓，坚密泽""久闻岷石鸭头绿，可磨桂溪龙文刀，莫嫌文吏不知武，要试饱霜秋兔毫"。清代乾隆皇帝钦定的《四库全书》就将洮砚列为国宝。

洮砚石料形成于地质上称之为古生代泥盆纪时期，产地为卓

木雕

洮砚

尼洮砚乡，其最好的石料是"老坑石"，产于卓尼喇嘛崖和水泉湾一带。老坑石中的极品，当属"鸭头绿"，因储量极少，自宋末就已断采。老坑石中的其他石品，如绿漪石、鹦哥绿、鹧鸪血等，储量极少，在端砚、歙砚老坑石已经枯竭的今天，尤其珍贵。

洮砚由墨池、水池和砚盖三大部分构成，制作皆为手工工艺，包括采石、选料、下料、出坯、下膛、取盖、合口、落图、透空、精雕、打磨、上油等十多道工序。雕刻技术吸收了玉雕、牙雕、砖雕、木雕等技法，以透雕和浮雕为主，辅之以线雕、圆雕、突雕等，使之造型玲珑剔透、美观实用。雕刻素材内容广泛，包括山水、人物、龙凤、花鸟、鱼虫等。洮砚晶莹如玉，色泽美观典雅，而且天然形成的石纹图案如变化万端的云水，神韵万千。结构细密，滋润光滑，经长期浸润水分充足，呵之出水，故享有"虽酷暑而倾墨不干"之美誉。"洮砚贵如何，黄膘带绿波。终日水还在，隔宿墨犹活"。石质坚实，硬而不脆，既可经久耐磨而又便于雕琢，轻微撞击又可发出金属、玉石之声。性能卓越优良，贮水不耗历寒不冰，涩不留笔滑不拒笔，发墨快而不损笔，储墨久而味不腐，深受文人墨客的喜爱。

有人用德、才、品、貌形容洮砚，十分贴切。"作为砚石，肌理细润而坚密可谓之'道德高尚'；发墨快而不损笔毫可谓'才能出众'；滋津润朗贮墨不干可谓'品格高雅'；绿质黄章，色泽雅丽可谓'容貌灵秀'。因此，洮砚在砚林中可谓'德、才、品、貌'四绝，无与伦比。"

青稞酒酿造技艺。甘南迭部的青稞酒酿造已有900多年的历史。其白龙江以北的卡坝、旺藏、尼傲、桑坝等地以种植青稞为主，因此，青稞酒酿造十分有名。在卡坝一带，几乎家家户户都能酿造青稞酒。每逢节会庆典、亲朋聚会等活动，都离不开喝自家酿造的青稞酒。

青稞酒属于大曲型白酒，采用大曲发酵，经过蒸馏而成。首先要挑选颜色鲜亮，颗粒饱满，优质的青稞。将青稞洗净，放入锅中，加入适量的水蒸煮。煮熟后晾干，撒匀酒曲，装入容器发酵。发酵的时间3～7天。再把发酵好的酒醅装入缸内用泥巴封口数月后蒸馏。蒸馏的过程需要用到专业的蒸馏器，将发酵好的酒醅放入蒸馏器中，加热使酒精蒸发，然后通过冷却装置将酒精凝结成液体，即青稞酒。蒸馏好的青稞酒需要进行陈酿，这样才能使酒的口感更加醇厚。陈酿的过程需要将酒放入陶瓷罐中，密封保存在阴凉干燥的地方，时间越长，酒的品质越好。

青稞

一碗醇香的青稞酒，代表着藏族群众的热情和豪放。青稞酒口感绵甜柔和，入口时能感受到浓郁的果香和清新的花香，给人以清爽的体验。在炎热的夏季，更能为人们带来一缕清凉。其以独特的口感和醇香的回味令人难忘，酒后不上头、不口干，且醒酒快，是中国白酒中的瑰宝。如今迭部的青稞酒作为本地知名的土特产，远销国内外。有些外地游客专程到迭部购买青稞酒，作为馈赠佳品。

金属制作技艺。甘南的金属制作技艺以夏河金属饰品制作技艺、临潭古战申氏金属加工技艺和临潭牛氏金属锻造技艺为代表。

夏河金属饰品制作技艺是随着拉卜楞寺的建立而产生的，以印度传入的技术居多，也有一部分技术是从中原传入的。最初为寺院的专职工匠制作寺院所需金属制品，后来技术逐渐流入民间，出现了制作民间工艺品的手工艺人。根据金属的不同，夏河金属饰品制作的艺人分为金匠、银匠和铜匠。金匠制作戒指、手镯、耳环、项链、奶钩等装饰品，银匠制作刀鞘、银碗等装饰品，铜匠制作经筒、宝瓶、铜盘、铜勺、铜锅、铜壶等装饰品。藏族群众喜爱金属饰品，在他们的居家装饰中，经常可以看到金属手工饰品。这些金属饰品体现出藏族群众的审美追求和价值取向。

临潭古战申氏金属加工技艺由河州传入，深受移民文化即江淮遗风的影响，并融入当地宗教文化元素。产品主要为银饰品，包括头饰、耳饰、颈饰、胸饰、腰饰、臂饰等。工艺过程较为复杂，包含铸炼、捶打、焊接、錾花、拉丝、洗涤、抛光等十几道工序。其所生产的银饰品的图案精美，质地精良，广泛用在当地人们的日常生活当中。

临潭牛氏金属锻造技艺是清朝道光年间由临潭（古称洮州）的牛建文老师傅独创的民间手工技艺，以铜器铸造为主，主要生产大口径的铜锅、铝锅、铜香炉、铜火盆、铜鼎、铜佛等器具，其大型铜铝锅可供上千人同时吃饭。牛氏锻造的铜器构图巧妙，结实耐用，美观大方，体现出了较高的工艺水平，深受甘、青、川、藏等地人们的青睐。

CHAPTER 06

┃甘南的丰饶物产

壮美甘南

甘南地形地貌和物产种类丰富多样，不同地区地形地貌差别较大，物产也各有特色。即使是同一地区，不同的海拔也孕育出了不同的景观和物产。甘南西北、西南地区有优质的天然牧场，草场载畜能力强。南部山区，是绿色资源宝库，满山都是宝。白龙江两岸土地肥沃，适宜种植农作物。东部丘陵山区农牧兼营。

同一地区，特别是山区，因海拔高度不同，业态与物产垂直分布特征明显。正所谓"一山有四季，十里不同天。"海拔在4200米以上的高山地带，多为积雪、冰川或裸岩，生长着水母雪莲、红景天等珍贵药用植物。这之下到海拔3600米左右，是高寒灌木和高山草甸草原生长地带，适宜放牧。2600米到3600米之间是林牧耦合区，有大片的原始森林，林木蓄积多，材质优良，动植物特别是山珍野味种类繁多。2600米之下是农业区，盛产各类高原农产品。

高原河谷的两侧山岭，随着海拔的不同也呈现出不同的生物性特征。河流两岸滩地平均海拔1500~2000米，水源充足，土壤肥沃，称之为川水地区，为农业地带。河谷两岸的低位山地带，海拔2000~2600米，为峁状丘陵沟壑，林地和草地相间分布，一般放养蕨麻猪、黄牛等。海拔2600~2800为高位山地带，又称脑山地区，一般为草原牧场、灌丛与深林地带。根据这种地形特点，形成在河滩川水地耕种，浅山林地与草地相间、脑山地放牧育林这样一种农林牧复合的多种经济类型。

甘南农作物主要有青稞、小麦、大豆、玉米、荞麦、土豆、燕麦、豌豆、蚕豆、高粱等。经济作物有夏菜、羊肚菌、木耳、花椒、核桃、蕨麻、药材等，其中党参、黄芪、当归、大黄、柴胡、独一味等药材种植面积达 200 平方千米。甘南境内的野生药材有 850 多种。海拔 3000 米以上的地方，地势高，热量不足，土壤阴冷潮湿，微生物活动弱，有机质分解和土壤释放养分能力差，且生长周期短，很多植物难以生存。但正在于此，在这里生长的红景天、水母雪莲、冬虫夏草、贝母等众多的名贵药用植物，吸收天地之精华，其药效和生物活性大大高于其他地区，无成瘾性和耐药性，符合人们崇尚天然的保健要求。经过多年驯化，现已有部分野生药材可以人工栽培种植。

甘南州是全国"六大绿色宝库"之一、全国"五大牧区"之一、全国"九大林区"之一，有黄河首曲国家级自然保护区，尕海—则岔国家级自然保护区，洮河国家级自然保护区、莲花山国家级自然保护区和多儿国家级自然保护区，野生动植物种类繁多，林下资源十分丰富。这里有大熊猫、亚洲金猫、雪豹、梅花鹿等数十种国家级保护动物。其中多儿国家级自然保护区有集中连片的华西箭竹和缺苞箭竹，为大熊猫提供了丰富的食料，是我国大熊猫的重要栖息地，也是我国大熊猫分布的北缘。浅山多灌，深山林密。甘南木本植物有 400 多种，其中有国家重点保护的珍稀濒危树种水杉、银杏、大果青杆、麦吊衫等，是全国生物多样性的活标本库和基因库，是典型的植物王国和动物乐园。羊肚菌、牛肚菌、鸡腿菇、蕨菜、刺嫩芽、苦根菜、木耳、松茸、沙棘等林下山野珍品 130 多种，产量十分可观，有较大的开发潜力。

甘南高原的自然环境孕育出了河曲马、阿万仓牦牛、欧拉羊、河曲藏獒、蕨麻猪等优良畜种。蕨麻猪适应高原性气候特点，反应灵敏，行动快，耐强烈日光照射，觅食能力强，在几乎无补饲的放牧条件下也能维持生长。牦牛、藏羊常年生长于高原无污染区，天然的环境使其肉质富含多种微量元素，蛋白质含量高，脂肪低，维生素和铁等矿物质丰富，不仅是生态环保有机食品，更是功能性食品。牦牛肉具有人体必需的氨基酸和钙的含量，比普通牛肉高 15%，符合消费者对食品营养和食品安全的需求。

甘南矿产资源得天独厚，其中金、铀、砷、汞、铋、泥炭储量居甘肃省第一位，铁、锡储量居甘肃省第二位，铝、锑储量居甘肃省第三位。甘南还是洮砚石的原材料产地。域内的洮砚石资源丰富，品质上乘，开发前景十分广阔。

在长期的生产实践中，甘南产生了多种浓缩本地民族历史文化的民族生活用品。借茶马古道和古丝绸之路唐蕃古道的通道优势，唐卡、藏毯、藏香、针织绣品、藏式帐篷、家具、民族服饰、金银制品等销往国内各地，部分商品还远销中东、南亚、东南亚等国家和地区，广受当地群众欢迎。

生命之禾——青稞

青稞，被誉为"上天赐给人类的粮食"。青藏高原高寒、缺氧、紫外线强，在这样的自然条件下，很多作物难以存活，而青稞逆势生长，给人们带来了食粮，成为人们耐寒抗氧、强健体魄的依赖，因此生活在这里的各族群众对青稞怀有深厚的感情。"人间有了青稞粮，日子过得真甜美，一日三餐不愁吃，顿顿还有青稞酒。人人感谢云雀鸟，万众珍爱青稞粒。"像这样歌颂青稞的歌谣和传说数不胜数。藏族谚语说："青稞的叶子是绿色的珊瑚，青稞的穗子是黄色的珍珠。" 千百年来，青稞已融入甘南各族人民的生产生活之中，它不仅仅是一种食粮，更被赋予了精神、情感等文化内涵，成为一个重要的文化符号，见证了甘南大地的历史变迁。

青稞是甘南最为重要的农作物。其属禾本科大麦属，是大麦的一个变种，耐寒性强、生长期短，高产早熟，适应性广，在海拔 4500 米以上的局部高寒地带，在广袤的高原草原深处，是唯一可以正常成熟的粮食作物。青稞具有高蛋白质、高纤维、高维

青稞丰收

酥油

糌粑

生素、低脂肪、低糖等特点，营养成分较水稻、小麦、玉米高，可以食用，也可以饲用，还可以用于酿造及药用，用途广泛。

藏族牧民的传统主食之一的糌粑就是用青稞制作的。制作糌粑，应先将青稞洗净、晾干，炒熟后磨成粉，食用时用少量的酥油茶、奶渣、糖等搅拌均匀，用手捏成团即可。它不仅便于食用，营养丰富，热量高，很适合充饥御寒，还便于携带和储藏。在藏族同胞家作客，主人会给你端上来奶茶、酥油、曲拉、糌粑等食物。甘南的传统特产青稞酒的原材料就是青稞。迭部白龙江以北的卡坝一带以种植青稞为主，所以这里的青稞酒酿造十分有名，几乎家家户户都会酿造青稞酒。

高原上的长寿果——蕨麻

蕨麻又被称为人参果、延寿草、蕨麻委陵菜、莲花菜、鹅绒委陵菜，蔷薇科，属多年生草本，根向下延长，根下部膨大成纺锤形或椭圆形块根，即蕨麻。主要生长在草甸、向阳的坡地、河滩附近。在湿润寒冷地区生命力极强，常形成大面积群落。蕨麻富含淀粉、蛋白质、多种维生素、脂肪，以及钙、磷、锌、钾、镁等矿物质，有较高的营养和医疗价值。其烹饪方式多种多样，最常见的是炒、蒸、煮等。如入药，可以健脾益胃、生津止渴，益气补血，清热解毒，利尿通淋，消肿止痛。可用于治疗脾虚腹泻、病后贫血、营养不良等症状。常食之，可延年益寿。

甘南地区平均海拔 3000 米，昼夜温差大，河流分布广，雨

蕨麻

蕨麻米饭

水丰沛，这为蕨麻的生长提供了优质的天然环境，因而生长在甘南的蕨麻体圆肉肥，颗粒饱满，色泽红亮，品质好，属于高原蕨麻中的上品，在高原地区很有名气。关于蕨麻，有一个动人的传说。相传古时甘南草原上有对年轻牧人，男子叫孕藏，女子叫觉玛，因交不出草头费，孕藏被抓。期间，他一直担心家中的老母亲和妻子。几年之后，孕藏回到家中，没想到阿妈发丝如银，精神矍铄，妻子脸庞红润，眼神澄澈。问及原因，得知是觉玛和阿妈发现草皮下有一种褐色的果子，一直在食用，是这种果子救了她们。孕藏喜极而泣，把这个消息告诉了草原上的所有牧民，帮助大家顺利地熬过了灾荒。后来，大家为了感恩觉玛，就叫这褐色的果子为觉玛果。觉玛在藏语里有长寿之意，即为长寿果。

甘南藏餐中有一道主食叫蕨麻米饭，即以蕨麻为主要原料。它的烹饪方法十分讲究，通常的做法是将大米、蕨麻分别煮熟，一样一半盛在碗内，撒上白糖，浇上酥油汁，边搅边吃。甘南还有一种牲畜因蕨麻而声名远扬，即甘南的稀有猪种蕨麻猪。蕨麻猪因长年在草原上拱食地底下的蕨麻而得名，其肉质细嫩、皮薄、膘厚适度，红白相间，层次分明，是猪肉中的上品。

格萨尔王的坐骑——河曲马

黄河首曲玛曲一带盛产河曲马。相传，玛曲是格萨尔王的诞生地，河曲马是格萨尔王的坐骑，而辽阔的玛曲草原则是格萨尔王牧马的地方。骑着河曲马，格萨尔王踏坎坷，降恶魔，征战南北，叱咤风云，演绎出世界上宏伟的英雄诗篇。

中国有"三大名马"，即河曲马、内蒙古三河马和新疆伊犁马。河曲马，藏族群众称之为"乔科马"。玛曲一带土壤肥沃，水草丰茂，牧草中除禾本科外，豆科植物非常丰富。冬春冰雪覆盖，气候寒冷，具有挑战性。多样的自然环境造就了河曲马体形高大、背脊平坦、肌肉结实、负重持久、运步轻快、抗病力强等优点。除此之外，河曲马喜群居，好游走，而且记忆力较强，听觉敏锐，勇敢善斗，与人类关系融洽。马群对草场哪里牧草好，哪里有水源等都熟记不忘。有的马匹甚至被卖到外地，数年以后，还能回到原驻牧地。如果有河曲马在身边，人在草原不用担心迷路。其听觉也很灵敏，成马即使已经入睡也能迅即听到周围的

河曲马

声音。如遇狼等野兽来袭，它们先是昂首屈颈、抖鬃举尾，前蹄扒地，喷鼻示警，然后勇敢地与野兽搏斗。如果马群被环伺或被冲散，公马先是会绕马群奔跑，把马群收拢，再与狼搏斗，直至将狼赶跑。乘役马与人关系融洽，乘役时能驯服地听从命令，休息时常将头脸贴在主人身上，表示亲热。

陇右自古以来就是良马产地，从秦汉开始就是中央王朝的重要养马基地。其所产良马时称"秦马"。古代常以其作挽乘、贡礼、征战之用。唐代大诗人杜甫曾以"竹批双耳峻，风入四蹄轻"的诗句对其大加赞美。据考证，秦始皇兵马俑的马与河曲马体征相似，这就从一个角度证明了秦战马主要是河曲马，可见河曲马为秦国统一六国、纵横天下发挥了重要作用。2011 年，不丹国王旺楚克的婚礼中，其坐骑就是特地从中国空运过去的河曲马。目前在玛曲建有河曲马场，是全国唯一一个河曲马繁育基地，可供游人参观。

高原之舟——阿万仓牦牛

《山海经·北山经》中说："又北二百里，曰潘侯之山，其上多松柏，其下多榛楛，其阳多玉，其阴多铁。有兽焉，其状如牛，而四节生毛，或曰旄牛。边水出焉，而南流注于栎泽。"这里所说的"有兽焉，其状如牛"，指的就是被人们誉为"高原之舟"的牦牛。

牦牛起源于中国，是世界上生活在海拔最高处、能适应高寒环境的古老而原始的物种，属于哺乳纲偶蹄目牛科动物，与企鹅、北极熊为全球仅存三大源种动物。所谓源种动物，就是没有经过基因改良，也不能被改良，至今还以最原始的生理状态生存在这个世界上的动物。现在的任何一头牦牛和它的祖先在生理基因结构上都是完全相同的，无法进行杂交或人为的品种优化。牦牛体形雄壮，四肢短小，身披长毛，腹部和臀部长有 30 ~ 40 厘米长的粗毛，宛如系上了一条特制的"长毛围裙"。颜色以通体黑

色居多，也有白色牦牛、灰色牦牛和金色牦牛，其中金色牦牛非常稀有。牦牛具有如下特点：一是舌头上有肉刺，头上有一对硕大威猛的螺旋形犄角，性情刚烈，凶猛善战；二是耐严寒，身体抗缺氧、抗疲劳、抗紫外线能力以及免疫力极强，自出生到死亡，极少生病；三是有识途的本领，能过江河，善走陡坡险路、雪山沼泽，并能避开陷阱择路而行；四是负重能力强，勤劳肯干，是游牧生活重要的交通和运输工具。牦牛全身都是宝，肉可食，皮

阿万仓牦牛

毛可制作衣物、帐篷等，甚至粪便都可被用作煮饭和取暖的燃料。

阿万仓牦牛是青藏高原牦牛的一种，是甘南代表性农产品之一，也是地理标志性农产品。生长在玛曲广袤的草原上，阿万仓牦牛喝的是黄河水，吃的是纯天然牧草，其肉膻味小、香味浓、高蛋白、低脂肪，富含多种矿物质和营养成分，是肉类中的佳品，是藏族牧民日常生活中不可缺少的食物。

藏羊之王——欧拉羊

欧拉羊属藏系绵阳种，主产地在甘南的玛曲和青海省黄南藏族自治州的河南蒙古族自治县。玛曲和河南交界，中间有欧拉山，欧拉羊生活在欧拉山一带，因欧拉山而得名。玛曲的欧拉羊主要分布在玛曲县的欧拉、欧拉秀玛、尼玛、木西合等乡，其中欧拉和欧拉秀玛两乡为欧拉羊的主产区。

欧拉羊体质结实，头稍长，呈锐三角形，鼻梁隆起，眼廓微突，耳较大，多数具有肉髯，公羊前胸有黄褐色"胸毛"，而母羊则不明显。公羊、母羊绝大多数都有角，角形呈微螺旋状向左右平伸或略向前，尖端向外。公羊角粗而长，母羊角较细小。四肢高而端正，背平直，胸、臀部发育良好。尾短小而瘦，呈扁锥形。颜色以体杂者居多，纯白、纯黑者较少。

欧拉羊具有如下一些特点：一是肢高体大。成年公羊体重约75千克，母羊重约60千克，远大于一般羊种。成年的欧拉羊像牛犊一般大小。从远处看草原上的欧拉羊群，不了解的还以为是牛群。二是同河曲马、阿万仓牦牛一样，欧拉羊耐寒性极强，对高寒草原的低气压、严寒、潮湿等自然条件和四季放牧、常年露营放牧管理方式适应性也很强。三是生长发育快。玛曲草原是季节性草原，牧草在暖季迅速长高，又迅速枯黄，期间仅有短短 4 个月。欧拉羊在这 4 个月内，能够迅速长大上膘，羔羊当年就可

欧拉羊

草原牧归

以育成出栏,减少了冬季对草料、棚圈的需求,也减轻了冬春脆弱期草原的压力。四是肉质细腻,无膻味,脂肪含量适中,肉味鲜美,煮沸后的肉汤清澈透明,味香四溢,有"屋内煮肉屋外香"之名。欧拉羊的肉用价值非常突出,市场需求量大,价格高,农牧民养羊的经济效益较高。

从 21 世纪初开始,甘南积极开展欧拉羊的品种选育工作,形成了欧拉羊繁育、选育、饲养管理、生产性能测定等一系列地方标准,为欧拉羊标准化、规范化生产提供了支撑,在脱贫攻坚和促进农牧民增收方面发挥了重要作用。

后记

近乡情更怯。行文至此，内心不免有些忐忑。甘南历史文化深厚，自然风光独特，要想写好这本书难度很大。虽然我们下了一番功夫，但囿于水平和能力，书稿中难免会有舛误之处，请大家不吝指教。我们会结合大家的意见，在重印、再版时对书稿进行完善。

在书稿的写作过程中，我们得到了甘南州相关部门和人员的大力支持。一些同志给我们提供了写作资料；一些同志牺牲个人时间，陪着我们实地调研；有的同志还就全书的布局谋篇和具体写法提出了宝贵意见，让我们深受感动。全书使用的图片，也是由甘南州文化广电和旅游局以及一市七县文旅部门提供的，在此深表谢意。

正如本书在封面中所言，这是"一次甘南藏族自治州的探寻之旅，一次与自然、历史、人文的深度对话，一次各民族交往交流交融的不期而遇"。我们希望这本书能够为读者全面了解甘南提供帮助，能够就铸牢中华民族共同体意识、构筑中华民族共有精神家园做出我们的努力，也希望这本书能够发挥"砖头"的作用，引来更多研究甘南的精品佳作，为甘南州经济社会发展，特别是文旅事业的发展做出贡献。

　　每一次到甘南，都能感受到这片土地蓬勃向上的发展态势。甘南的发展在路上，我们的写作也应在路上。期待下一本书，再见！

图书在版编目（CIP）数据

带一本书去甘南 / 刘彦明，贡保南杰著 . -- 北京：中国民族文化出版社有限公司，2024.8.（2025.1 重印）-- （中国这么美的 30 个自治州）. -- ISBN 978-7-5122-1931-1

Ⅰ . K928.942.2

中国国家版本馆 CIP 数据核字第 2024VW0579 号

带一本书去甘南
Dai Yi Ben Shu Qu Gannan

总 策 划	刘彦明
执行策划	赵 天
作 者	刘彦明 贡保南杰
责任编辑	张 宇
排 版	王韦韦
责任校对	张晓萍
出 版 者	中国民族文化出版社 地址：北京市东城区和平里北街 14 号
	邮编：100013 联系电话：010-84250639 64211754（传真）
印 刷	小森印刷（北京）有限公司
开 本	710mm×1000mm 1/16
印 张	16.75
字 数	160 千字
版 次	2024 年 10 月第 1 版
印 次	2025 年 1 月第 2 次印刷
标准书号	ISBN 978-7-5122-1931-1
定 价	78.00 元